如何有逻辑地表达

宋晓阳◎著

How to
express logically

民主与建设出版社

·北京·

前　言

大家好，我是中国传媒大学播音主持艺术学院的老师宋晓阳。从教近 20 年，我培养了无数的播音员和主持人，作为学界资深专业教师，我有着丰富的教学经验；同时，在课堂之外我也是一名语言培训专家，为包括苹果、三星、字节跳动在内的知名国内外企业做过多场表达与沟通能力培训，精通职场与生活中各种场景下的表达技巧。2020 年 6 月，由我撰写的《完美沟通》一书出版发行后，受到读者的热烈欢迎。关于表达，书中有很多最新的概念，快接慢说、信息推演、语言箭头等，这些专业概念帮助很多职场人士提升了语言表达能力。

一、为什么要学表达？
——会表达，就能拥有高质量的生活

做了这么多年的语言表达培训，我有一个非常深刻的感受：无论是在职场上，还是在生活中，一个会表达、会说话的人，一定是美好生活的创造者、受益人。

如何有逻辑地表达

职场中会表达的人，在汇报工作、对接项目、沟通事情时，节约时间成本，减少不必要的内耗。而生活中会表达的人，在处理亲朋好友间的大事小情时，照顾他人情绪，麻烦事也会变成轻松事。同样的一句话，就看你怎么说。这恰恰说明了表达在我们日常工作生活中的重要性。

近20年的培训经验，让我发现很多人的表达问题主要表现在这两个方面：一个方面是自我表达，说出自己的想法时，磕磕巴巴、逻辑混乱、无话可说、说话跑题；另一个方面是与他人交流，明明自己占理，就是说不过对方，总是做事后诸葛亮。这两个问题，最直观的后果就是让他人觉得我们说的话没有分量，费劲儿说了半天，结果别人一句话没听懂、没记住。我们的语言力量因为我们表达能力的不足而大打折扣，最终难以达到说服对方的目的。

或许有人说，生活中哪有那么多需要说服他人的场合，说话谁都会难道还需要学习吗？是的，说话需要学习，因为说话是一门艺术。现实生活中，"不会说话"已经是很多人在人际交往中的痛点，比如，某位同事或朋友情绪低落，你想说几句安慰的话，结果言辞不当遭人白眼；饭局上聊天，别人一张嘴就成为焦点，而你一开口，空气就被冻住了；和同事在茶水间休息聊天时总是尴聊，生怕空气突然安静，双方都不自在……这些语言表达上的问题，不仅会影响我们工作和生活中的人际关系，严重时，还会打击我们的自尊心，令我们产生社交恐惧心理，降低我们的生活质量，长此以往，会让我们越来越不自信、不敢开口、畏惧说话。

总而言之，不敢表达、不会表达、不能表达成了很多人职场打拼、日常生活社交中的心病。治疗语言表达上的这块心病，需要像我这样的专业人士给你一服灵丹妙药。以上这些问题，我会在这本书中帮你解决。

不论在职场上还是生活中，具备一定表达能力的人，获得的机会就会很多。2021年6月，我为国内某航空企业做培训，有位姓陈的小伙子引起了我的注意，我为他的一次工作评优汇报发言做了简单指导。一开始，他的演讲稿内容平淡，难以突出主题，我建议他增加两个故事，并且指导他如何讲好这两个故事，再让每个故事的结尾紧扣核心词。听了我的意见后，他把稿子进行了大改。小陈在之后的评优比赛中表现优异，夺冠后他第一时间给我发微信，感谢我教给他的讲故事方法。今年这家企业又找我做培训，对接我的正好是小陈。他跟我说，由于在语言表达上能力突出，待人接物、人际沟通能力较强，单位领导给他安排了外联的工作，同时升职又加薪。像小陈这样，看过我的书，从而获得表达能力提升的职场人士还有很多很多。

凭借我多年的播音主持教学和企事业单位培训的经验，我提炼总结出许多实用有效的表达方法和技巧，让你发现自己、训练自己、培养自己，让表达助你在职场上、生活中更加自信。

二、这本书是如何教你表达方法的呢?

这本书的 27 个章节主要包括五大模块的内容。

第一个模块是表达前的准备。这个模块主要教你在表达前如何列提纲、组织话术、打腹稿、筛选素材，如何在表达结构上进行设计，如何构思一个好故事，等等。其中还包括如何倾听他人说话，教你听出核心内容，甄别信息。因为听明白才能说清楚。

第二个模块是了解型表达。这类表达是为了让别人了解你和你掌握的情况，对你讲的人和事感兴趣。在一些社交场合中，漫无目的的闲聊，也可以为自己赢得好人缘，为自己的工作助力。主动自我暴露的方法是了解型表达的内容之一。

第三个模块是思辨型表达。思辨型表达对于讲话人来说就是一场恶仗，一个事例、一组数据、一个观点可以瞬间改变整个谈话场。与对手抗衡，你的表达需要事实，更需要策略。这块内容教你如何以协商的形式说服他人，达到自己的目的，在激烈的辩论中，让你的表达成为斗智斗勇的利器。

第四个模块是情感型表达。比如你和你的同事平时关系不错，今天她挨了领导骂，这个时候你会帮助她认真分析工作上到底哪里出现了问题，还是疏导她崩溃的情绪，让她在自己的肩膀上哭呢？情绪时代，在表达中需要利用情绪价值。这个模块最大的亮点是教你在表达中发挥自己的共情能力，帮助你建立舒适的人际交流圈。

第五个模块是演说型表达。这个模块教你如何用优美的声音在公开场合讲话，如何做一场高质量的工作汇报，如何让一举一动为你的公众表达加分。演说型表达囊括了一个社会人在公众表达中需要注意的全部问题，从声音形象、PPT的使用，再到肢体语言、彩排训练，全方位提升你的公众表达能力。

这本书还有一个福利菜单，我会在最后一节内容中给大家介绍一位播音主持专业的主持人，带你了解一下他在大学四年是怎么接受专业化培训的，让你体验一下国内最好的播音专业院校的表达教学。

这五大模块和训练方法是我近20年专业教学的经验所得，我利用这些方法帮助了许多职场人士和热爱生活的人。

在现实工作生活中，很多人往往因为不会表达在职场上受挫，在生活中处处碰壁。相信通过这本书的学习，你能掌握实用的语言表达方法，再结合自己的工作生活实际，不断尝试，努力实践，最终你将成为职场上的表达高手、生活中的表达能人。

目　录

第三章　思辨型表达：
有策略地说服他人

第四章　情感型表达：
情绪时代，在表达中需要利用情绪价值

第五章　演说型表达：
关键时刻，讲出你的实力

第

一

章

Chapter One

表达前的准备：
拥有结构化思维，让表达更有力量

第一节

∨
∨

表达结构：
用对逻辑表达框架，让表达思路更清晰

我在为很多互联网公司、企事业单位的职场人士做提升语言能力的培训时，发现了一个大众普遍存在的问题，那就是表达中的逻辑不清问题。工作中跟同事讨论项目，自认为有理有据，说得很清楚，可是对方还是一副懵懂的样子。至于说着说着就发生了跑题、说不下去、把自己说得绕进去等情况，也是常有的事。很多人会问，宋老师，为什么很多主持人说起话来那么有逻辑？我们怎么能像主持人那样条理清晰呢？他们是用了哪些方法和技巧呢？今天宋老师就教你如何用对常用的逻辑表达框架，让你表达的思路变得清晰。

这里有一个问题：讲话前，你最先考虑的问题是什么？

我想，很多人会说："我最先考虑的问题是：我要说什么。"

如果你这么回答，那你就错了，这就是你表达时逻辑不清楚

的原因所在。

当一个人想要发表看法和意见的时候，只考虑自己要说什么，而不是站在听者的角度去考虑怎么说，从专业角度来说，这是一种语言上的"表达自私"行为。

那么，如何避免表达自私给自己带来的负面影响呢？这里就需要你建立表达结构的意识，把表达镶嵌到最适宜的结构中，借助结构的优势，让听者理解你要说的内容。

一、次序语表达法

表达结构中，张嘴就可以用的就是次序语表达法。就是讲话人把要说的内容综合起来，依据个人的想法进行分类并做好小标题，按照第一、第二、第三的顺序编排讲话内容。

下面举一个例子，说一下这种表达结构如何使用。

新入职员工培训开班仪式上，你要以培训负责人的身份讲一下培训要求，你可以这样说。

大家好，欢迎各位加入××公司，今天是你们入职的第一天，作为此次入职培训的负责人，我跟各位介绍一下培训时的纪律要求以及成绩核算事宜，在这里强调三大注意事项。

如何有逻辑地表达

第一，八点打卡勿迟到。

培训期间我们是要考核出勤的，所以，大家要保证早上八点以前打上卡，至于路上堵车、忘定闹钟等类似的理由，请免谈！

第二，课上发言要积极。

培训时，老师会提问或者组织讨论，大家要积极发言，这些都会作为平时成绩记录下来。

第三，开卷考试自己答。

最后还有一次笔试，是开卷考试。考试的时候禁止交头接耳，每个人答自己的，考试时候说话的人将被取消考试资格。

总结一下三大注意事项：八点打卡、积极发言、考试自己答。好了，多谢各位。

第一，第二，第三；首先，其次，最后；第一方面，第二方面，最后一个方面……

无论采取哪种次序语，只要你把自己想要说的内容按这样的结构分类，就会使你的表达具有一定逻辑感。有的人会问："宋老师，要讲的内容哪个放在前面，哪个放在后面呢？"

越往前面放的内容，越重要，这一点是需要提醒你的。因为人们在听一个人讲话的前几分钟，注意力是最集中的，所以，请把最重要的内容往前放。

还拿上面这个案例来说，对于新入职的员工来说，最应该保证的是准时上课，这是培训是否有纪律性最重要的体现，是三个注意事项里面最重要的，所以，应当放在第一项来说。

你是否注意到上面的案例中，我在使用次序语的时候，"第一""第二""第三"的后面会有一个小标题。比如：第一，八点打卡勿迟到；第二，课上发言要积极；第三，开卷考试自己答。对于听者来说，负责人的整个发言中，只要记这三句话就可以了，这三句话是整个发言内容的提炼。所以说，小标题与次序语配合使用，能够帮助听者更好地了解你要表达的内容。

二、时间顺序表达法

时间顺序表达法是一种使用起来非常方便的方法，你可以按照时间线来梳理自己的内容，通过时间点把你要表达的内容分割开来。

接下来我们看一个这样的案例，这是最典型的时间顺序表达法。

发言人：项目负责人

发言内容：校园短视频达人媒体体验日

时长：3分钟

类似这样的项目介绍，采用时间顺序表达法最合适了。你可以这样说：

为了扩大我们公司的社会影响力，特别是在年轻用户中的影响力，我们在今年年初发起了短视频大赛，从参赛选手中选取了全国 10 所高校的达人。从项目发起到最终落地历时三个月。接下来我按照时间线，把此次活动的四个阶段在这里跟大家汇报一下。

2021 年 3 月：发起阶段，我们与全国 25 所设有传媒专业的大学合作，3 月份我们共收到 150 条视频作品，质量都很不错。

2021 年 4 月 20 日：评审阶段，我们邀请了知名博主、高校专家和一些网友进行投票，最终评选出来自 10 所高校的 10 位短视频达人。

2021 年 5 月 1 日：我们举办了线上颁奖典礼。全网直播在线用户 2 万＋，评论量 800 ＋。

2021 年 6 月 15 日：体验日当天给 10 位学生分配了限定主题的拍摄任务，有一位学生的视频还上了微博热搜，我们选了三个作品放在视频平台上，获得点赞量 10 万＋，超出了预期。

以上就是校园短视频达人活动的整个推进过程，我们也对整个项目进行了复盘，接下来由我的同事小张为大家做复盘总结。

在涉及时间顺序的内容时，选择用时间顺序表达法最合适，这里需要注意的是选取哪些时间节点。有时候我们在做某项工作时，项目时间长短不一，过程也是起起伏伏，但同样有规律可循。

举例来说，改变工作进程性质的时间节点，新的合作方加入或者新资金投入的时间节点等，这些都是很重要的时间节点。

时间节点虽然精准，但太多的话容易让人听不进去，因此，可以考虑把活动的时间节点与大家耳熟能详的事件联系在一起。比如上面说的这个案例，线上颁奖典礼的时间是 5 月 1 日，就可以说，"劳动节打工人不休息"，但这个度需要把控好。

三、过渡句表达法

很多人在表达时逻辑不清楚，我们在寻找原因的时候发现，人们在讲话时只考虑自己说什么，很少会考虑对方是否能听明白。其实表达最重要的，是让对方能听明白。

还有一种表达结构，那就是过渡句表达法，通过使用引导词、衔接语让听者更容易理解发言者的意思。这也是主持人最擅长使用的方法，可以把松散的内容串联起来。具体怎么做，我们来看一个案例。

以下面这段发言为例，如果你是一位团队负责人，负责一次项目竞标，那在做项目总结分享的时候你可以这么说：

　　我们团队这次竞标到一家美妆公司年会上的甜品项目，我代表小伙伴跟各位分享一下竞标成功的经验。我们从负责人、公司年会举办情况、年会对甜品的要求等方面做了背调，基于这些背调，我们成功拿下了这个项目。

　　首先，我们分析了一下这次甲方公司年会的负责人海伦的个人成长背景，她在这家公司已经两年了，之前她有过在国外工作生活的经历，注重社交，时尚神经极其敏感，这样的甲方不费一些心思，肯定拿不下，所以我们也是拿出了原料最优质、定位最高端的产品供她挑选。

　　说完了负责人的喜好，我们还关注到年会本身对甜品的要求。这家公司今年刚上市，这次年会的规格比以往高，预算也多。公司在甜品区放了一款刚刚推出的美妆产品，希望甜品造型跟新产品能搭得上。

　　考虑了负责人以及年会对甜品的具体要求，接下来我们要考虑的是公司员工构成。在这家美妆公司中，年龄在25—35岁的女性员工占到了85%，女性消费者对于甜品的外观要求很高，拍照好看很重要。所以，在试品会上，我们的甜品得票数最高，因为我们的甜品颜值高。

说完负责人、甜品特点和员工构成，我们还考虑到目前社会上对于甜品的新诉求。"甜品不能甜"是当下用户最重要的诉求，这款甜品零蔗糖，采用了代糖成分，对消费者很是友好。之前在社交平台和电视剧中有比较成功的广告植入。

以上这四点就是我们此次竞标成功的经验，多谢各位。

你注意到宋老师的引导语、衔接词是怎么说的吗？你对这些话有印象吗？

说完了负责人的喜好，我们还关注到年会本身对甜品的要求。

考虑了负责人以及年会对甜品的具体要求，接下来我们要考虑的是公司员工构成。

说完负责人、甜品特点和员工构成，我们还考虑到目前社会上对于甜品的新诉求。

其实，这四个方面的前后顺序是可以调换的。第一个方面不说负责人，先说"甜品不能甜"这一点也可以，然后把第三点"女性员工占比大"放到第二点来说也没有关系。这时，引导语、衔接词就可以变成这样："前两点我们考虑到关于甜品的最新消费观以及该公司的女性员工比例，但我们之所以能拿下这个竞标，

还跟我们把负责人海伦的喜好研究透了有关，接下来我来说一下
年会负责人海伦的个人喜好。"

引导语、衔接词主要是起承前启后的作用，在听者看来，你
的表达一环扣着一环，很有逻辑。

想要说话条理清晰有逻辑，发言者需要使用以上这些表达结
构，建立"抓手思维"，克服"表达自私"的习惯。

在本节的三种表达结构中，次序语表达法最常用。这个方法
想要用得好，要注意使用小标题，让听者记得住。时间顺序表达法，
主要是用于有时间节点的内容表达，需要注意的是选取有代表性
的时间节点，选取标准也教给了你，另外就是时间节点少而精比
较好。最后是过渡句表达法，这个是主持人最常用的方法，使用
引导语、衔接词可以使表达更加完整。

第二节

案头工作：打腹稿，写提纲，不打无准备之仗

这一节，我们要谈一谈表达前的案头准备工作。

成功的表达都需要做好前期的案头准备工作。

领导让你在开例会的时候做一个汇报，老同学聚会上大家让你开场讲两句话，与同事中午一起吃饭聊起最近热播的电视剧。这样的场合如何表达自如、不丢面子是让很多人头疼的事。事实上，无论是精心准备过的工作汇报，还是一时兴起的临时发言，好的表达都离不开前期准备。

有一次毕业晚会上，我们播音学院邀请了一位新闻主播作为优秀校友出席，活动开场前，临时安排他跟即将走上工作岗位的师弟师妹们即兴讲两句。接到任务后的 20 分钟里，坐在我身边的这位主播就一直在做准备，嘴里时不时小声地叨叨着。后来他上台讲了 10 分钟，自己大学毕业时的困惑，进入央视工作第一年的调整，从学生到社会人的三个转折点，他娓娓道来。这 10

分钟的讲话，有故事有心得，态度真诚不说，表达还十分流畅。讲话结束后，他收获了师弟师妹们热烈的掌声。

听我说完这段故事，你是不是有点纳闷儿，新闻主播那么好的口才，做这样的即兴发言还需要做准备，而不是开口就能说？！宋老师要告诉你的是，即便是主持人，想要表达好，也需要做好前期准备。

一、即兴讲话：打腹稿，溜嘴皮

在工作和生活中，当遇到要发言的时候，如果我们有充足的时间做准备的话，大多数人都会提前写好提纲，再去彩排演练。但很多情况下，我们是被领导、客户、朋友等临时点名做一次发言或者表达一下想法，因为没有准备，就很容易前言不搭后语，支支吾吾起来，场面十分尴尬。

事实上，提起即兴表达，不仅普通人头疼，专业主持人也是心里一哆嗦。在毫无准备的情况下立刻张嘴说话，而且必须是有逻辑、有内容的高质量表达，是一件很难的事。为了让大家可以游刃有余地应对它，我总结出很多方法。第一种是：打腹稿，溜嘴皮。

先说打腹稿，我总结了以下 4 个核心要点：

要点一：从第一眼开始说起。

即兴讲话最好的准备方式是就地取材，就地取材不仅能让你顺利地开始讲一件事，保证所讲的内容不会跑题，也可以给你争取时间思考后面要讲的内容。就拿同学聚会来说，不知道从哪说，就从大家身处的环境说起，比如这家饭馆给你的感受、进门的时候第一眼看到哪位老同学的感受，甚至是当天的天气给你的感受等；如果是会议场合，就可以从别人刚刚讲过的、让你印象深刻的内容入手。而在你就地取材讲话的同时，就要思考剩下的 3 个要点了。

要点二：表达主题只要一个词。

也就是说，你在发言的时候，无论说什么内容都要围绕这个词来讲。还记得我在本节一开始讲的那位新闻主播来我们学院给师弟师妹们讲话的故事吧。他那天的主题是"主动改变"。无论是从学习到工作的内容改变，还是从学生到社会人的心态改变，都是主动改变。其实，当你明确了主题，也就是给自己的腹稿打上了一个印记，跟印记不符合的内容，都不要放进来讲。这样你的观点会很明确，会很容易让人听明白。

要点三：主体只说一个事。

任何发言都离不开故事，所以讲个小故事是这种临时发言最主要的内容，比如同学聚会，饭桌上看到了谁，就可以把上学时候跟这位同学有关的趣事讲出来。会议的场合也一样，只针对性地讲某一件事情即可，不需要面面俱到。

要点四：只说一个感受。

这种场合的发言时间不要太长，短小精悍最好。在发言的最后，可以说一下你当下的感受。

我们就以同学聚会为例来说如何使用这4个要点。

我今天下车后，一抬眼看着饭馆的牌匾就高兴，咱们大管家选这家饭馆真是有心呀，"葫芦娃一家人"，咱们小时候看的动画片是《葫芦兄弟》，我们在一个班级，那就是一家人呀（这是第一点讲到的抬眼看到什么说什么）。聚会吃四川火锅，汤底是又红又辣，看来咱们同学这些年一定是吃香喝辣呀！今天这聚会就是红火开心（表达主题只要一个词）。说起吃火锅，想起上学那会儿，我们宿舍学霸张朝，拿了三等奖学金，我们起哄让他在学校北门那家辣妹子火锅请吃饭，他是海南人，结果第二天硬是请假没去上课，最后跑校医院去了（只说一个事）。所以，话说回来，这毕业十年了，距离上次聚会已经三年了，今天最大的感受是许久没有过的轻松，今后咱们一定多聚常聚。

只要记住以上4个要点，那你在需要即兴发言的场合，就能很快地组织好语句，讲出内容。这"四个一"的表达要点你平时就可以记在心里，这样当你需要即兴发言时，脑子里就能很快套用这个模板，从而组织好发言内容。当然，想要说得更好一些，在时间允许的情况下，你按照这个模板打好腹稿之后，最好能够溜溜嘴皮子。像同学聚会这样的场合，说错一句半句的还没有关系，如果是职场上，遇到打好腹稿，一站起来说话，大脑一片空白的情况就可能影响职业生涯了。因此除了打腹稿，还要多溜嘴皮，让你嘴部的肌肉参与进来。

之前我为世界 500 强企业的销售团队高层授课，其中一位资深的高管在课上向我提出了这样的问题："宋老师，有一个表达上的问题一直困扰着我。如果有领导要求我 10 分钟后，在会上做一个 3 分钟的简短发言，我肯定要为这个发言做些准备，现写肯定来不及，我得在心里打个腹稿。可是，自己准备的腹稿再好，一站起来，一张嘴，我就什么都想不起来了。一回、两回这样，我还以为是自己腹稿没打好，时间久了，这个表达上的问题成了我的一个心病了，一遇到这样的临时发言，我心里就发怵，难道打腹稿不对吗？这种情况到底该怎么办？"

不知道你是不是也遇到过这样的表达问题。事实上，这位高管只做对了一半，那就是打腹稿。想要解决他的问题，还需要增加一个步骤，那就是溜嘴皮。

打腹稿从表达准备流程上来说，还处于纯思考的阶段。因为想、思考是一种抽象的脑部活动，这种抽象的脑部活动需要落地，落地就是指说出来，也就是溜嘴皮。

溜嘴皮的目的是把你"想"的内容与你嘴巴要"说"的内容衔接起来。只打好腹稿还不行，只有多溜嘴皮，才能把腹稿的内容说好。还记得前面说的那位新闻主播吗？上台前，他一直在我身边叨叨，这就是他在溜嘴皮呢。

为什么只打腹稿不行？因为一个想法在从"想"到"说"这个过程中会受到很多因素的影响。比如外界环境因素，你刚要说话，突然有个人敲门进来，你一下子就忘了自己刚才想说什么了。再比如，你刚想说，脑子里突然飞进来另一个想法，自己刚才要说的话，完全想不起来了。

溜嘴皮时说的话，是你之前打腹稿的内容，条件允许的情况下，动嘴出声地把内容说出来，如果条件不允许，动嘴不出声地捋出具体的内容，目的就是让你的嘴部肌肉形成表达上的记忆，反复多次的溜嘴皮就会让你的脑、嘴巴还有心三者统一起来，为你的表达做好准备。

二、书面准备：列提纲

"打腹稿，溜嘴皮"是即兴发言的准备方法，这些方法属于"现上轿，现扎耳朵眼"的急就章策略，可以保证让你说出来、说下去，但是保证不了说得精彩，也就是说话质量不会很高。事实上，重要场合中那些让人印象深刻的高质量表达离不开内容扎实的文字稿。所以，在时间充裕的情况下，最有效的方法是列一下提纲，写一些关键词、大词条，甚至逐步完善到逐字稿。那么，如何去着手写一篇优质的文字稿呢？在这里，我从专业教师的角度，帮你梳理三个写汇报发言稿的步骤，你可以参照一下。

1.整理素材，明确内容

写提纲前，先要将手头掌握的素材进行整理。假如你要代表团队做工作汇报，最好事前跟项目负责人、骨干力量开一个碰头会。开会前，你可以说一下此次碰头会希望大家配合你的地方，这样小伙伴们会有思想准备。项目成员希望把哪些内容放进汇报中，哪些作为重点来讲，是这次碰头会你需要掌握的。

2.列出提纲，明确重点

会后，根据小伙伴提供的内容，你可以撰写一份汇报用的提纲。提纲的内容主要包括以下 4 个部分：

（1）发言主题；

（2）各板块的小标题；

（3）发言的重点、亮点（汇报的重点、亮点）；

（4）最后总结。

另外还有 3 点尤其需要你提前做足准备：

（1）汇报措辞；

（2）重点信息和数据成果；

（3）项目的重要意义。

这些可能需要你和项目负责人敲定，因为这些细节会直接关系到你汇报发言的质量。

3. 做好优化，不断迭代

提纲的撰写从最初的"粗框架"到"细线条"，这期间与同事频繁沟通时，要把每一版的提纲做好文件标记。比如"工作汇报提纲（0802 第一版）""工作汇报提纲（0805 第二版）"。提纲的撰写可以采用思维导图，这样条理清晰，修改也方便。

最好养成做日报、周报的工作习惯，要积累视觉素材，拍摄工作照或者视频，同时做好文件整理工作。这些良好的工作习惯，在做工作汇报时会成为你丰富的素材库。

三、不断修改稿件，直到上台那一刻

无论是职场上的表达，还是生活中的谈话，能在公众面前表达自如都离不开前期的准备。准备工作是否专业、是否到位也是影响表达效果的关键，那么怎样才算是准备到位了呢？按照我的辅导经验来说，上台之前都不能停止准备。

大家都知道电视台的主持人经常会直播，那你们觉得他们手里拿到的主持词也好，脚本也罢，是最终播出的版本吗？告诉你吧，只有最后直播时候说的那一版才是。直播前临时改动、直播过程中临时改稿子都是家常便饭，他们之所以可以应对自如就是因为他们习惯了这种工作方式。

我们日常工作生活中的表达也是一样，想要做到精益求精，表达到位，就要学会不断修改和矫正。这样，即便你在表达过程中出现了什么错误，基于你之前多次修改稿件的经验，你也能够轻松应对一些突发情况。

学习表达，很多人以为只是动动嘴皮子的事，事实上，需要动脑、动手，在动嘴皮子之前，还有很多前期准备工作需要了解。

即兴讲话，需要提前打腹稿，打腹稿记住"四个一"，分别是：从第一眼开始说起、表达主题只要一个词、主体只说一件事、

最后就说一个感受。

让腹稿落地的最有效方法是：溜嘴皮。帮助自己完成从"想"到"说"这个过程。让嘴巴形成肌肉记忆，改变一张嘴就忘词的尴尬局面。

写提纲从"粗框架"到"细线条"，列提纲要记住 4 个部分和 3 个注意点，利用便捷的思维导图方式撰写，结合素材库在表述方式、措辞、内容搭建上，不断修改。提纲越细致，发言稿成稿也就越容易。

总而言之，想要表达好，案头工作少不了，写提纲、打腹稿，我们需要有备而来，不能打无准备之仗。怕麻烦，图省事，那你一定会讲不好的。

第三节

学会倾听：抓住核心信息，听明白才能说清楚

这一节，我们来谈谈"倾听"，通过我介绍的三种方法，你就可以抓住别人讲话的核心信息，听懂对方的话语。只有听明白，才能说清楚。

前几天一位师妹跟我联系，她的一位朋友在金融机构工作，最近这位朋友发现，自己的下属在给一些公司做背景调查的时候，总是拿不到想要的核心信息，这直接影响到他们对客户的评估。因为背调工作的质量急需提高，他们希望我有时间给这位朋友的下属做一下培训，培训的内容就是"倾听与提问"。你看，这就是职场中需要使用到听辨能力的工作了。如果你听的能力不行，老板会认为你脑子不好用，他说的话你听不懂，同事也会觉得跟你交流费劲，消耗很多时间。

一般人会认为，表达不就是怎么说话的事情吗？只要把怎么说学到手就可以了，怎么又跟耳朵如何听有关系呢？如果你这么

理解表达，那就太片面了。因为只有听明白对方什么意思，你才能知道自己接下来怎么说。

在倾听之前，你需要切换一下自己的状态。好比我们上课的时候，老师会敲黑板，这个动作意味着他要开始上课了，我们的注意力要从跟同桌的聊天切换到听老师讲课上。如果我们一边跟同桌说话，一边听老师讲课，那一定是听不明白老师讲的那些知识点的。老师在说话的时候，把自己的想法通过语言的编码传递给我们，我们需要把这段语言解码，成为我们自己可以理解的内容。如果在倾听的时候注意力不集中，就会出现解码错误，无法正确理解他人的意思，产生误解，甚至完全听错。想要在交流时，高质量地倾听、接收信息，首先要记住"一抓一排"这两点。

一、做好倾听的准备

1. 一抓：抓住自己的注意力

现在每个人都有手机，在工作中，除了微信之外，通常我们还会用到像钉钉、飞书这样的办公软件，各种工作群和聊天框频繁地跳出各类消息，加上手机 App 的各种推送，无孔不入的信息对于我们注意力的分散是显而易见的。你试一下，用电脑写东西的一个小时中，你会有几次切到聊天框回复信息或者不自觉地看手机？信息回复完之后，你能很快地让注意力回到手头的工作中吗？

注意力不集中会影响到你深度思考的能力。而倾听不仅需要集中注意力，更需要深度思考，只有这样才能听进去、听明白、听出问题来。

2. 一排：排除干扰因素

在前段时间热播的综艺节目《披荆斩棘的哥哥》第一期节目中，观众们看到了在舞台上卖力唱歌的陈小春和黄贯中，一下子勾起了回忆，在弹幕上打出很多怀旧的话。由此可见，人们接收的信息会在意识中发挥作用，牵引着受众联想起其他的事情。同样，我们在听别人讲话的时候，也会受到情绪的干扰。比如别人的说话态度很强硬，让你在心里很抵触，那接下来无论对方说什么，你都可能觉得他是在针对你、质疑你；或者对方说话时总是在重复一句话，你的关注点就会落在那个口头禅上，从而忽略了对方话语中的关键信息。因此，在倾听时，主动意识到干扰因素的存在，努力去排除它，就变得很重要。

"一抓一排"是相辅相成的两个方法，也是让倾听变得准确、高效的基础。当然，影响倾听的还有其他因素，比如说，如果你专业知识储备不够，行家讲起来，你肯定听不懂。

如果上边说到的"一抓一排"你做到了，我们接下来就要学习如何倾听了。

二、抓住核心信息

1. 确认复述法

应用场景：说话人所表达的内容比较零碎的时候。例如，领导指导工作，小组工作讨论，他人提出建议等。

倾听，顾名思义，别人说，我们听。但是，这不代表说者的话听者都能听清楚、听明白了。

你跟领导汇报工作，随后领导基于你的汇报提出意见。为了保证领导的指示经过你的传达不走样，最好的方法是把领导说过的话，以复述的方式确认一下。

你可以这么说："张主任，您刚才说的内容，我都用笔记下来了。我想跟您确认几个核心内容，您看我这么记，对不对？"

你注意到了吗？在你复述之前，你跟张主任说的这句话暗示了你在用心听他讲，而不是简单听听而已。

这么做的好处是：你在复述的时候，把自己听到的内容捋顺，同时也确认了对方表达的重点。如果对方从你的复述中发现自己表述有错误，也能马上纠正过来。

所以，总结一下，跟领导确认的话术就是：

（1）张主任，您刚才说的内容，我都用笔记下来了。

（2）我想跟您确认几个核心内容。

（3）您看我这么记，对不对？

如果是同事基于你对项目背景资料的介绍，来发表想法的话，你可以这么说："你的这个创意特别赞，我做了一下笔记。我来说一下，你听听是不是这三个特点，咱们再商量一下措辞，看看怎么写进材料里去。"

首先，你对于同事的创意和想法表达出积极的肯定态度，一方面是认可同事，还有一个更为重要的作用是鼓动对方，因为你的鼓动，同事会特别积极地、认真地听你为他总结的这三个特点。

其次，同事发言的时候说得很琐碎，也没有头绪，但是作为听者，你把他琐碎的内容进行了整理，还帮他找到三个非常合适的关键词做了概括，对方会感激你。参与讨论的同事也注意到，你会帮助他人概括观点，这样的总结提炼能力也是团队不可或缺的。

最后，你说："咱们再商量一下措辞，看看怎么写进材料里去。"虽然写进材料这个工作凭你的工作能力可以独立完成，但是当你把"商量"这个词一说出来，无论是领导还是其他同事都会感受到，你做事的周全和尊重他人的平等心理。

所以，总结一下，跟同事、朋友确认的话术就是：

（1）××的想法特别好，我已经记下来了。

（2）我再来说一下，你听听是不是这几点？

（3）咱们再商量一下，后面怎么办。

"确认复述法"是以一种请教的方式，让讲话人帮助你去确定核心内容的倾听方法。除了确认复述法之外，想要快速抓住他人讲话的核心信息，还可以使用"顺着思路抓核心"的方法。

2. 找到关键词

应用场景：说话人所表达的信息高度密集，但结构比较工整的时候。例如：项目汇报、工作总结、布置任务等。

当说话人想要说的内容信息量比较大时，他们通常会在前期做很多准备工作，比如打腹稿，将自己要表达的内容分成几个方面来讲。有的人可能还会借助PPT这样视觉化的手段来讲。这些人的发言信息量很大，难以让人抓住重点。其实，只要抓住他们讲话中的关键词或关键句，你就能把握他们讲话的重点。

下面这段内容信息密度高，表述比较复杂，你来看一下核心内容是什么。

眼下，连接广珠城轨的通道工程在横琴已进入收尾阶段。这是澳门建筑企业在内地承接的首个社会投资项目，并首次试点实施澳门建筑工程管理模式，这个尝试直接带动港澳建筑领域专业人士在横琴执业。

横琴粤澳深度合作区的战略定位之一是促进澳门经济适度多元发展的新平台。中医药有广阔的发展前景，目前，粤澳合作中医药科技产业园已汇聚澳门、香港和内地医药企业189家。

澳门街坊总会横琴综合服务中心是首个澳门社团在内地成立的社会服务机构，已累计提供服务近6万人次。这次新方案将助力合作区新技术、新产业发展，也带动越来越多澳门居民在合作区学习、就业、生活。目前，横琴注册澳资企业总数已超过4000家。7621名澳门居民在横琴办理了居住证，2000多名澳门居民在横琴购买社保。

读完这段内容，你可能觉得云里雾里，抓不到重点。其实，这是一段很常见的项目汇报，由于信息密度高，有各种繁杂的名词和数据干扰，因此容易让人走神。不过，只要你用心观察，就会发现，它在行文中透露了关键词、小标题、中心句，比如开头第一句话"连接广珠城轨的通道工程在横琴已进入收尾阶段"，这句话就是一个中心句，它有两个关键词，第一个关键词是"连接广珠城轨的通道工程",第二个关键词是"进入收尾阶段"。随后的几句话都是在介绍这个通道工程的背景和特点,包括这个工程的管理模式、项目的就业人员特点,等等。

第二段第一句话"横琴粤澳深度合作区的战略定位之一是促进澳门经济适度多元发展的新平台",这也是一个中心句,它的关键词就是"战略定位",因为随后的几句话都在介绍横琴粤澳深度合作区的战略定位,就是中医药科技产业。

第三段第一句话"澳门街坊总会横琴综合服务中心是首个澳门社团在内地成立的社会服务机构",这也是一个中心句,它的关键词就是"社会服务机构",因为随后的内容都是在说这个社会服务机构的作用,以及它目前做出的成绩有哪些。

综上所述,工程进入收尾阶段、打造多元发展新平台、成立社会服务机构这样的关键词可以提炼出来,作为三个小标题来使用。上面这些句子之所以是中心句,是因为它们所表达的内容或者它们包含的关键词,通常都是它前后内容的总结提炼或概括。一般来说,讲话者在每一个段落或者是信息块开始前,会稍微停顿一下再开始,这时候你就要注意了,通常来说,第一句会是中心句,帮助你理解接下来他所讲的内容,而他接下来讲的内容,通常会围绕前面的中心句。

3. "三新"就是核心信息点

应用场景：演讲、新品发布会、开幕式等。

什么是表达中的"三新"？"三新"是指讲话者在发言时使用的新概念、新表述、新提法，通常来说，一个人公开演讲主要的目的就是宣传自己的"三新"，向外界传递明确的信息，体现自己的社会价值。

2021 年 8 月 15 日，吴声的"新物种爆炸·吴声商业方法发布 2021"举行。发布会上，在写有"向极致去"的 PPT 大屏幕的映衬下，吴声说了这么一句话：极致是一种态度、极致是一种能力、极致是一种商业方法。

吴声的话中有一个关键词出现了三次，就是"极致"。所以说，听完这一段，你就可以清晰地意识到吴声对于"极致"非常认可，他的目的是向外界传达自己对于"极致"这个词汇所包含的观点的高度认可。

你是否注意到，日常生活中我们对于一些公共事件的关注往往是由一些新表述所引发的。比如"双减"，是指减轻义务教育阶段学生作业负担和校外培训负担，2021 年 7 月 24 日，《关于进一步减轻义务教育阶段学生作业负担和校外培训负担的意见》发布，即"双减"。而一些因热点事件瞬间成为网络热议的词汇，几乎成为该事件的代名词，知道了这个词就等于知道了这一事件。

为了增强公众的认知，提高表达内容的传播度，主讲人在新提法上都会动脑筋想办法。所以，一般来说，新概念、新表述、新提法，大多是新造词或者是不同专业词汇的混搭。而这也是你把控讲话人说话核心信息的关键所在。这就需要你具有对"三新"表达感知上的灵敏度。

总结一下，本节内容讲的是学会倾听，抓住对方讲话的核心信息，听明白对方的话。首先介绍的是，如何才能让自己的耳朵在倾听这个环节不踩坑，主要是"一抓一排"的方法：抓住注意力，排除干扰因素。关于学会倾听的具体办法，主要有三个，分别是：确认复述法、顺着思路抓核心、"三新"就是核心信息点，这三种方法可以有效地帮助你抓住讲话者讲话的核心信息，让你的耳朵为表达助力。

第四节

把控时间：在有限时间内高效表达的方法

这一节，我们来谈谈，如何在有限的时间内实现高效的表达。

之前，一位电视台的导演朋友联系到我，她说，台里正在为北京某家设计院做一台建院 70 周年的晚会，院长会在晚会中进行 6 分钟的主题演讲，导演希望我可以从稿件的内容到录制过程都参与其中。于是，我与院长的团队见面。在对接工作时，我首先跟对方说，6 分钟的演讲，需要准备 1000 字左右的文字内容，我们就按照这个字数来写演讲稿吧。

听到这里，你是不是觉得有点奇怪，宋老师辅导演讲为什么不先看看主题、选一选素材，看看演讲人的吐字用声、情感分寸把握怎么样？怎么一上来先从 6 分钟说多少字开始呢？

这就要说到我们本节要讲授的高效表达中的把控时间了。这里有两个关键词"把控时间""高效表达"，我教给大家三种表达方法，让你具备把控时间的能力，让你的表达言之有物，能够起到影响他人的效果。

一、掌握时间与字数的关系

这个方法需要考虑的是时间、语速、字数这三个因素，这三者之间的关系非常紧密。在任何场合发言、讲话都有时间上的要求，工作生活中，我们最反感的就是有些人讲话拖延，讲话内容前松后紧，看似面面俱到其实缺乏重点。所以，讲话的第一步就需要按照时间算字数，这一点实在是太重要了。

前一阵，我为一位媒体企业的高层做一对一的辅导，由于疫情的原因，现在很多国际的专业论坛主要采用线上的方式进行。作为此次线上会议的主持人，她需要在开场时进行一个 2 分钟的简短发言，她把发言稿传给我之后，我打开文档看字数有 650 字，就马上跟她说："你的字数超了。"她按照我的意见删减发言稿，果然将发言完美控制在了 2 分钟。事后她跟我说："宋老师，幸亏你发现得早。一般情况下，这种国际论坛对于发言时间卡得特别死，作为会议的承办方我们需要以身作则。如果作为第一个发言的我就超时，那后面就不好进行了。"

由此可见，发言时间、表达时的语速最终决定了你要说多少个字。像跑步的步速一样，说话快慢也有一个专业概念：语速。

通常来说，我们在边想边说的情况下，语速是每分钟 160 字左右，每个人因为说话习惯有所差异。如果不需要边想边说的话，语速会快一些，因此字数可以适当多一点。

在公开场合说话，很多人语速会比较快，这主要是由于说话时神经紧张，心理节奏加快。

作为主讲人，想要说得快，还是可以做到的，但是作为听众，在短时间内一下子听那么多的内容，是比较难以消化的。如果主讲人只顾自己讲得痛快，不考虑听众的接受能力，就是一种"表达自私"的行为。

很多主持人属于"快嘴型表达者"，主持的时候嘴巴像是哪吒脚上的风火轮，说得很快，还自认为自己表达流畅，思维清晰脑子快。给这样的主持人做辅导的时候，我都会指出这个问题，因为主持人最重要的是表达清楚，而不是快。说得再快，听众听不明白，听不懂，也是徒劳。所以说，说得多、说得快都是错误的表达认知。

我们可以在念稿或者说话的时候给自己计时，测出自己的语速，然后按照规定的时间确定稿子的字数。

二、时间有限，切忌面面俱到

如果让你在 5 分钟之内把这个月的工作做一个总结，你第一个想到的是什么？是不是翻看一下你的电脑，把你的周报从文件夹中找出来，把这 4 周的周报拼凑起来？如果你是这样的工作汇报思维，那么从一开始你就错了。

因为工作汇报，不是全面为佳，而是要重点突出，理由是时间有限。

现在你把自己所有要说的内容都写下来，列一个提纲，然后按照重要性再进行排序，将排在前面的三项工作作为汇报的重点就可以了，其他的工作顺带说一句就可以，这才是在有限时间内高效表达的关键所在，即时间有限，只说重点。

事实上，这应该是矫正大多数人表达认知的关键。因为什么都说，就意味着什么都没说。

2019 年，央视举办了主持人大赛，我的很多学生都参加了比赛。其中一位学生跟我抱怨说："宋老师，第一个环节每人只给 3 分钟。3 分钟也就五六百字，这个环节我想从 5 个方面说，3分钟肯定不够呀！"

听她这么说，我回答道："你把这 5 个方面按重要程度做一下排序，最重要的往前放。"等她排好序后，我们针对 5 个方面进行分析，她马上意识到后面三点的内容可以融入前面两点里，最后只保留了前两点。我跟她说，在发言时间有限的情况下，选取重点内容是高效表达的关键。表达的意义在于说重点，而不是说全面。

换句话说，有限时间内的高效表达，不在于"应该说什么"，而在于"少说什么，不说什么，什么合并到一起说"，学会做减法，才是高效表达的核心。

东京奥运会上，中国乒乓球队在先失一枚混双金牌的不利情况下，顶住各方压力，最后拿了4块金牌。刘国梁在男团决赛前的动员会上的发言出现在网络上，短短两分钟的发言，他表达的重点只有一个，那就是相信自己，杀出去。因为他明白，决赛前，参赛运动员最需要的是鼓励。这条视频获赞4.9万，排在第一位的留言是：刘国梁真的是司令兼政委，思想工作做得超牛，鞭策队员也牛。两分钟的动员紧紧围绕一个重点来说，刘国梁不仅球打得好，也是一个金句频出的表达高手。

一般来说，3到5分钟的表达，讲话者最好采用倒计时的方法练习。看着时间逐渐归零，讲话人会下意识地把最重要的内容提到最前面来说。可能有些人会担心这样一个问题，最重要的话说完了，还有时间，接下来该怎么办？

如果还有剩余时间，你可以把刚才说过的内容做一个解释，或者是跟现场的听众做一个小互动，还可以说一下自己参与活动的感受。总之，只要你在有限的时间内把重点内容表达完了，你就已经赢得了听众的好感，一个务实的职场人的形象就可以确立起来了。

三、遵照发言稿，为即兴表达预留时间

前一阵，我为某单位的事迹报告会做评委，大多数做报告的人讲得都很好，只有一位发言人除外。原来比赛时，他听了前面演讲者的发言，很有感触，上台之后把稿子一放，一时兴起，由此说开了去。这位发言者没有按照之前的稿件来，而是想起什么就说什么。现场的人原以为他只是开场说一下客套话，没想到10分钟过去了，他还没有讲到重点，台下的观众开始有些小小的骚动。这期间，他也试图按原来的稿件去讲，但面对密密麻麻的稿子，他已经不知从哪开始讲了。最后，经过工作人员的多次催促，他草草收场。

在一些重要场合讲话，最好按照自己事前准备的内容来，因为这些内容是你经过深思熟虑后敲定的。如果你确实临时起意想要说几句，可以这样说："在我正式发言之前，我想占用大家一分钟的时间，说一说我对刚才那位主讲人的发言的一点感受。"

你这么说的好处是：让听众知道，你的讲话分为两个部分，临时发言和有准备的发言。当然，临时发言的时间也是需要你把控的。多说并不意味着好，要说到点上，挑重点去讲。

以上是三种在有限时间内高效表达的方法，不论是控制语速和字数，还是整理重点内容优先说和预留出即兴发挥的时间，这三种方法其实可以用一个专业术语来概括，那就是时间感。

时间感是一个比较抽象的表达概念，是指说话人在不看时间的情况下，可以按照要求，在规定的时间内把重要的内容说出来的能力。比如在奥运赛场，两场比赛中间只有5分钟的时间留给记者做赛后报道，这就需要记者在不看表的情况下，完成这样一场报道。

日常生活中，我们可以通过以上这三种方法来练习说话时的时间感，起初你可能需要比较严格地计算说话时间、梳理讲话重点、锻炼即兴表达，但通过几次练习后，你就能明显地感到在说话的时候会有更强的时间观念了。虽然我们不需要像主持人和记者那样严格地把控时间，但是我们要具备时间感的表达意识。在讲究效率的当下，一个会高效表达的人通常会在职场上更受人欢迎，也能得到更好的职业发展。

第五节

学讲故事：好故事是表达的灵魂

好的表达都离不开故事。因为故事能让听者产生好奇心，进而与讲者产生思想共鸣。

前一阵，业界大佬雷军在他的 2021 年演讲《这些年经历的艰难选择》中讲了这样一个故事，让人印象深刻。在香格里拉附近的一个国家森林公园里，雷军偶遇了一个年轻人，与其一起徒步，边走边聊。年轻人叫姚聪，27 岁，是华能集团的一名风电工程师。他在山里工作，每个月工作 20 天，休息 10 天，虽然偶尔也会觉得山里的工作很枯燥，但还是把风电事业作为自己的追求。聊着聊着，雷军突然发现他用的手机是小米 8 透明探索版。雷军估计小伙子没有认出自己来，就装作没看见。他们一起走了大约 10 公里，快结束的时候，小伙子才突然说，雷总，能不能合张影？雷军愣了一下。

年轻人说，他一开始就将雷总认出来了，只是不想打扰他，就没说。年轻人说他非常喜欢小米。小米每次出旗舰版手机的时候，他都打电话找当地的代理商，叮嘱一定给他留台最好的，等他下山的时候去取。他说，他可以买得起任何一个品牌的手机，也用过其他牌子的手机，但最后他还是坚定地选择了小米。"因为小米不一样，小米的理念不是赚更多钱，而是选择了一条更艰难但是更有意义的路。"小伙子看着雷军，很认真地说，"我也是一个有追求的人，所以，我更喜欢小米。"这段话在雷军心里掀起了巨大的波澜。

雷军的一次不期而遇，使得他在年轻消费者中找到了知音，这位知音不仅仅喜欢小米手机，更是深度认可小米精神。在这么重要的一次演讲上，雷军愿意花一些时间将这个偶遇年轻人的故事讲出来，可见这段经历对于雷军的重要性。而这个故事也必将令无数年轻人更加喜爱小米，这就是故事的力量。

我们总会被那些新奇有趣、情感真挚、跌宕起伏的故事深深吸引住，因为好故事是成功表达的灵魂。

一、"讲故事"跟"讲事"是两码事

在实际的教学中我发现，很多学员在课上练习讲故事的时候，往往是讲事，而不是讲故事。说到这里，你是不是有点蒙？讲事，讲故事，一字之差，这里面到底有什么不同呢？我们先来听两个案例，你来区别一下哪个是讲事，哪个是讲故事。

案例一：中午同事们一起吃饭，小张说："昨天我参加一位同学的婚礼，第一次遇到伴娘伴郎不是发小闺蜜，而是新郎新娘的爸爸妈妈的情况，我们这些人都看傻了。婚礼上，男方爸爸说，在孩子这么重要的人生时刻，不能做旁观者，要做参与者。"

案例二：中午同事们一起吃饭，小张说："昨天我参加了一位同学的婚礼，第一次遇到伴娘伴郎不是发小闺蜜，而是新郎新娘的爸爸妈妈的情况，我们这些人都看傻了。等到双方家长发言的时候，我们才知道是怎么回事。男方爸爸先发的言，老爷子是大学教授，身穿礼服，花白头发，往台上一站，真是帅。一张嘴，老爷子有点激动，声音有点发颤，但毕竟是见过世面的人，他马上就缓过来了，说：'大家是不是很纳闷儿，咋有这么大岁数的伴郎伴娘呢？哈哈，其实我们四个想法特别简单，有一次两家凑在一起商量婚礼的时候，说到安排伴娘伴郎，怎么置办衣服的时候，亲家母说，我可想给自己姑娘做伴娘了，不想错过孩子一生最重要的时刻，想实实在在地参与其中。亲家母这么一说，我们都觉得特别好。所以，我们就做了今天这样的安排，不知道大家觉得怎么样？'老爷子一说完，我们在下面使劲鼓掌。"

你听出来了吗？第一个案例是讲事，第二个案例是讲故事。讲事是概括地说，两三句话便可说完。比如单位领导开例会就是最典型的讲事案例。我们来看下面这段话：

今天开会两件事。第一件就是新员工的入职培训，这件事由培训部负责，他们到时候会把工作流程以邮件的形式发给大家，其他部门做好配合工作。第二件事，马上要过国庆节了，人事部门要组织去看看退休的老同志，除了人事部，各部门也要派一个人跟着去，这件事会后由人事部跟各部门对接一下。

除了三言两语的表达特点之外，在讲事时，涉及人物不会具体描述其心理活动和动作特点，更不会有转述人物对话的那种情景再现，就是通知和告知一件事而已。

讲故事就完全不一样了，讲故事主要是在描述某一场景，通过刻画人物心理、肢体动作、人物的表情神态等复杂情节完成对人物命运的叙述，电影、小说、戏剧、演讲等各种表现形式都可以呈现。在上文第二个案例中，我们可以从小张描述的男方爸爸上台后紧张的表情、说话时候的语无伦次、与亲家商量婚礼的细节等情节中，感受到男方爸爸活灵活现的人物形象，仿佛自己也在婚礼现场，而这位爸爸就站在我们眼前一样。所以，好的故事会让听者产生身临其境的现场沉浸感。

当你知道讲事与讲故事的区别之后，你是不是以为自己就会讲故事了呢？我要告诉你的是，还不行，因为你还需要知道如何筛选素材，哪些事可以在表达中拓展成好故事，接下来我要教给你的是选取、判断素材是否具有分享价值。

二、好故事是筛选出来的

相似的人生经历，有的人讲得让人印象深刻，有人讲得仿佛一杯白开水。记得有一次演讲课，演讲的题目是"我是冠军"，我的很多学生讲到自己复读的故事。有一位学生说第一年因一分之差没能考上中传播音专业，决定第二年再搏一把。三九天的东北下了一夜的雪，楼梯台阶上结了一层冰。他早上6点出门上学，一脚踩在冰上摔得生疼。再加上对未来的不确定和惶恐，他躺在寒冬的雪地上哭了。还有一个学生说，他第一年考上了一所很普通的大学，虽然不是他理想中的学府，但他觉得也可以接受。开学那天，爸爸妈妈带着自己去报到，他去了一趟教学楼的洗手间，发现这里的环境实在令他无法忍受。简陋的教学设施，掉了把手的厕所门，他一想到自己人生中最美好的4年将要在这里度过，就特别地不甘心。于是，从洗手间出来，他跟爸爸妈妈说："我不想上了，我要复读。"

你看，同样以复读为主题，一个说的是冬天下雪滑倒，一个讲的是一瞬间自己如何受到刺激，心有不甘，主动寻求改变，我想，你已经知道哪个故事更精彩了吧。

在讲故事的时候，选取哪个角度、哪个细节很关键。这里需要提到一个专业概念，那就是故事的"分享价值"。分享价值越高，故事就越吸引人。那么如何判断自己要讲的故事的分享价值呢？

这里有个原则：大人物身上的小故事，小人物身上的大故事。这里面的"大人物"主要是指知名人士，比如某头部带货主播，我们如果要讲他成为头部主播的故事，就需要选取他在工作中的一个小故事。比如，他每天下直播后，要复盘，还要跟品控人员聊产品，我们就可以将关注点放在他跟品控人员的对话中。从他日常工作的一个小事件切入，发现他身上的"极致能力"，正是这种极致能力使得他成为业界头部主播。

至于要讲小人物身上的大故事，就是要讲小人物身上的那些闪光点，通过讲述这个闪光点，使得这个小人物的形象变得伟岸起来。比如我的一个学生，在讲自己高中时候参加学校运动会的故事时说，他们班男生少，最难跑的 1500 米项目没有人报，作为体育委员的他只好自己上。为了跑出好成绩，他进行了 20 多天的训练。他讲的这个故事有一个细节，我至今都记得特别清楚，

"为了跑个好成绩，我开始训练，围着操场一圈一圈地跑，我记得跑道边每一块小石头的样子"。

试想一下，这得是跑了多少圈呀！连石头的样子都可以记住。为了一次运动会，为了一个没有人报的 1500 米项目，对自己这么狠的一个人，是不是值得尊敬呀？

分析完了如何选取素材之后，还要掌握讲故事的三个基本点。

三、讲故事的三个基本点

好故事吸引人，无外乎具备这三点：人物心理的描述、人物动作的描述、跌宕起伏的情节，只要学会了这三个基本点，就可以掌握讲故事的基本方法了。

1. 人物心理的描述

我们来看这样一段心理描写。

我腾地一下子从座位上弹起来，连我自己都没有意识到站起来会是这个样子，我把自己都吓了一跳，是的，太生气了。看着站在车厢门口的农民大哥，再瞅瞅那个着装精致的白领女孩，心里感到憋闷：农民工怎么了？就不能乘坐地铁？就不能坐座了吗？凭什么这个座位只能给你这样衣着光鲜的人坐呢？我偏让这位农民大哥坐，我把自己的座位给他，看你怎么办？"大哥，我下车了，你过来坐吧！"

这一段是很典型的心理描写，对心理活动的描述是讲故事常用的手法，这种方法就是把一个人的心理活动，用语言外化出来，需要讲述者情感细腻。

2. 人物动作的描写

那人物动作怎么描写呢？还是这个故事，我们接着讲。

"大哥，我下车了，你过来坐吧！"瞬间站起来的我，快步走到车厢门口。听我这么一说，大哥一下子愣住了。看到眼前这位大学生模样的小姑娘，大哥下意识地拉了拉手里的编织袋子。车门开了，我逃跑一样冲出了车厢，本想直接向出站口走去，可是我还是转过身想去看看车厢里的大哥。砰的一声，车门关上了。车门里的大哥，抬起手，冲着我，嘴巴里默默说着"谢谢"。

这一段故事将重点放在人物的动作上，形象生动地塑造了两个人在这个物理空间中各自的情绪变化。

3. 跌宕起伏的情节

我的师姐，原央视新闻节目主持人李小萌在她的抖音、视频号讲过这样一个故事《我拿什么感谢你，我的儿子》，这个视频有 10 分钟之长，播放量达到了 2.6 亿，评论量 10 万＋，这个故事如此吸引人就是在于情节上的跌宕起伏。

一位卖海鲜的中年女性，真是命运多舛。患病多年的公公婆婆，由她伺候到终老。老公因为工伤瘫痪在床自杀未遂，她最大的安慰是有一个极其懂事的儿子。这位妈妈写给即将上大学的儿子一封信，信中有三个小故事。小学的时候，妈妈来开家长会，儿子丝毫没有因为妈妈穿着卖海鲜的衣服而感到丢人，班主任大赞儿子懂事。初中的时候，瘫痪的父亲要自杀，儿子第一时间发现并送到医院，处理差不多了才告诉妈妈，并要求妈妈不要责怪他。儿子还想办法给爸爸找事做，帮助爸爸重新燃起生活的信心。高中的时候，儿子发现妈妈唱歌好听，让妈妈努力练习并替她报名参加了《星光大道》。这三个故事层层推进，把儿子的成长与这位母亲的艰辛细腻展现出来，感人至深。

三个故事由浅入深，表现出的情感也渐渐浓烈。让妈妈唱歌是这个故事的灵魂，想证明残酷的生活难不倒乐观的人。

就像我之前讲的那样，从故事的分享价值来看，这三个小故事都很棒。人物的心理和人物的动作也很丰富，比如开家长会儿子给妈妈拿水杯，拉着妈妈坐；爸爸给邻居剪头发，儿子在一旁招呼邻居，端茶倒水等。

长达 10 分钟的故事，我前前后后看了四五遍，每一次都泪流满面，故事好，师姐李小萌讲得更好。好的故事，更需要好的表达，真诚是表达最大的武器。

总之，要想讲好故事，先从观察自己的日常生活开始，比如通勤路上看到了什么，等电梯的时候发生了什么故事，小区遛弯时看到了什么。平时多观察，多记录，积累自己的故事素材。

还有一个比较方便的办法就是看电影或者电视剧，看一些视频资料，然后把你最喜欢或者最感动的片段讲给他人听，通过观察听众的反应，看看讲到哪里他们听入了神，讲到哪里对方跑神了，来判断自己所讲故事的精彩程度，通过不断的练习，让自己慢慢成为一个讲故事高手。

第
二
章

Chapter Two

了解型表达：
在闲聊中为自己赢得好机会

第一节

∨
∨
∨

求职应聘：用好简历和好表达拿下新职位

通常，求职应聘分为两部分，第一部分是简历投递，通过筛选后才会进入第二部分的面试环节。因此，我们从简历如何写（案头工作）以及面试如何说（口头表达）这两个方面，来说一下如何求职。

一、好简历是打开面试之门的金钥匙

每年毕业季学生找工作的时候，我都会帮我的学生看看简历。从这么多年看过的上千份简历中，我注意到，那些进入优质公司的学生，他们的简历都是下了大功夫的。从排版到内容，从个人经历的描写到个人评价的表述，甚至包括形象照片的选取，几乎每一项都经过了细致修改。

因为简历是"面子"，面试是"里子"。光鲜的"面子"是

打开面试大门的钥匙，而厚实的"里子"是拿下工作岗位的关键。不论是应届毕业生，还是工作了几年想跳槽换工作的职场人，不同年龄段、不同行业的人，在求职上所面临的问题是一样的。

1. 简历的整体美观度

对于面试官来说，他最在意的是，一份拿到眼前的简历，让他看起来有没有阅读压力。什么是"阅读压力"呢？简单来说，就是简历是否有排版密集、行间距过窄、标点使用不规范、照片过度修饰等问题。如果出现上述问题，面试官就缺少继续看下去的动力了，这就是阅读压力。

2. 工作经历如何撰写？

要注意，撰写工作经历时，需要具备以下三大意识：

（1）平台意识：描述你所工作的平台是一个怎样的平台；

（2）项目意识：你参与或主导了哪些有亮点的项目，做出了哪些成果；

（3）具体工作描述意识：你在这个平台的这个项目中，做了什么具体工作。

具备这三个意识，撰写出来的简历会满足面试官对于一份简历在工作经历方面的基本需求。为什么要在简历里加入具体工作内容描述呢？其实，这是你给面试官准备的一个提问抓手，面试官作为你所应聘行业内的专家，通常对你的工作性质是有了解的，但对于你在项目里具体的工作内容，不一定很清楚。因此，在简历里加入具体工作内容描述，面试官就会对其中感兴趣的部分进一步提问，而这恰恰是你可以提前做好准备，并在面试中讲得出彩的部分，因为所有的精彩都是准备出来的。

3. 自我评价，如何撰写？

如何做自我评价？简历中都会有自我评价的板块，你是不是也常用这些词来描述自己：性格活泼开朗，为人踏实努力，做事严谨靠谱，具有一定的合作精神……

其实，这个看似很普通的简历板块，却暗藏玄机。

国内某知名企业的 HR 是我的学生，在跟我交流如何面试员工的时候曾说，很多人就是因为自我评价这一块有问题，被她拒之门外的。面试的几十分钟时间里，她对这个人的了解已经八九不离十了。面试的最后，她会抛出这个问题，目的就是看看这个人对自己的个人评价是否与她的判断相吻合。如果一个人连对自己的自我评价都说不对，就会被她认为不合格。

也许你会说，这位 HR 是不是有些太主观了？我想告诉你的是，做了 15 年的 HR，跟无数的人一对一地深度交流，她的看人、识人、辨人的能力，不是一般人能具备的，这是无数场面试经验打造出来的。

很多人有幸进入面试环节，却输在了表达上。接下来我们就来讲讲面试中应该如何表达。

二、自我介绍这样拿高分

去一家公司面试，想要在有限的时间内说得头头是道，你需要做哪些准备？自我介绍环节怎么表达才合适？接下来我来告诉你怎么说才好。

面试第一个环节就是自我介绍，最保险的做法是写好逐字稿，一般来说3分钟的自我介绍准备500个字就差不多了。对于面试官来说，自我介绍是他全面观察你这个人的素质、谈吐、业务能力、性格的关键环节。在这3分钟的时间里，如果你能将这几点介绍清楚，对方就会对你有好印象。想要引起面试官的注意，你可能需要采用一些别出心裁的表达方法，因为面试官要面试那么多人，你只有讲得不一样，才能让对方记住。我主要教大家两个方法：故事法和联系法。用这两种方法设计自我介绍的开头，能比较容易让面试官记住你，对你产生好感。

例如，你去一家互联网公司面试，如果采用故事法做自我介绍的话，你可以这样说：

  各位好，我叫×××。前天晚上我跟妈妈视频，她得了重感冒，爸爸出差，晚上八点了她还没有吃饭。老妈最喜欢吃一家老字号的鸡汤馄饨，我立刻下单，在备注里写了多加香菜。20分钟后老妈给我发了一张照片，热气腾腾的馄饨摆在她面前。咱们公司的外卖平台，帮我这个在外地工作的女儿尽了孝。我想，今天来面试运营岗，我一定会为这么便利的平台好好工作。

  将自己工作的初心放进故事中，这样的故事型自我介绍让人印象深刻，即使没有记住你的名字，面试官也会记得那个给妈妈订馄饨的姑娘。

  如果采用联系法做自我介绍的话，你可以这样说：

  各位好，我叫×××。去年我带领团队制作了一个微视频《开锅请下筷》，这个视频上线当天就进入热搜前十名，话题评论量20万＋，很多官微、美食博主纷纷转发。在这个视频里，我拍摄了很多店家在××外卖平台上热销第一名的菜品，没想到一年后，我竟然来到了这个外卖平台，应聘内容制作的岗位。以前是平台用户，今天有机会成为平台内容制作者，我想，五年的业界积累培养了我极强的专业敏感度，我更希望这些敏感度可以用在我们这个便利的美食平台上。

联系法主要是把自己的经历与面试结合起来，让面试官了解你的特长。

如果你采用这两种方式来设计自我介绍的开头，一定会引起面试官的注意，在面试的第一个环节拿下高分。

几乎所有的面试都会有自我介绍的环节，这是你向面试官推销自己至关重要的环节，很多人却频频踩雷，刚上战场就把自己给"埋"了。接下来我把自我介绍环节中出现频率最高的四种类型的大坑总结出来告诉你，这些面试的坑，你千万不要踩。

1. 一念到底型

很多人认为自我介绍就是把简历上写过的个人履历再照着念一遍，如果你去面试官前这样念的话，你就做错了。这时候，面试官通常会说："简历上的内容我都看了，你不用念了。"简历上的内容只是提纲，详细介绍才是你应该做的。

2. 惜字如金型

还有一些人认为自己的情况早就写在简历里了，面试官都看过了，自我介绍就是跟面试官打个招呼，面试不就是对方提问我回答嘛。抱着这样的心态去面试，你就把"主动表达"变成了"被动回答"。

3. 滔滔不绝型

与简单介绍形成鲜明对比的是"滔滔不绝型"的面试者，当面试官说，给你三分钟做一个自我介绍后，面试者心想可算是给我说话的机会了，一张嘴说话就没有逗号和句号，犹如开动的马达，亢奋地说起来。这样的自我介绍会把面试官吓跑的。

4. 自我中心型

有些面试者觉得自己以往的工作经历非常过硬，来面试岗位胜券在握，于是在自我介绍环节时，在用词和语气上有些过于张扬，处处表现出"你们能请到我这样的专业人士是多么幸运呀"的傲慢姿态。遇到这样的面试者，面试官通常都会选择拒绝，因为公司招的是踏实做事的员工，不是浮夸傲慢的"长辈"。

以上四种情况，在面试的自我介绍环节中比较典型。除此之外，还有听不懂面试官问题、对自己以往的工作经历夸大其词，甚至编造一些工作经历为自己增光添彩的错误行为，这些都是工作面试中自我介绍环节的大坑，千万不要踩。

三、让工作经历为新岗位加分的表达策略

1. 能力画像的描述

先问你一个问题，面试的时候，你跟面试官介绍工作经历的目的是什么呢？有的人会说："让面试官知道我都干过什么。"有的人会说："让面试官知道我干过的工作跟他们招聘的岗位有关系。"以上这些想法只说对了 50%，事实上，面试官一边听你介绍工作经历，一边描绘你这个人的能力画像，将你的能力画像与招聘岗位进行对比，看看你这个人身上的哪些能力适合新岗位。所以，你以往的工作经历是为能力画像服务的。

比如你将应聘一家企业的行政事务部，主要对接的是政府部门。以往经验告诉你，你需要充分利用工作日下午的时间与对方进行项目沟通，因为政府部门上午通常会有部门会议或领导接待，而一些重要文件必须本人亲自送到政府部门的办公地。你把这些工作习惯进行详细介绍后，面试官就会意识到你符合他们对候选人"熟悉政府部门对接工作流程"这个能力要求，是做这方面工作最合适的人。

2. "精准投喂"思维

我的一个学生留学回来找工作，一家著名的外卖平台对她很

感兴趣，经过五轮面试，最后她成功地拿到了录用通知。谈起自己这次面试成功，她说："我这次面试采取的是'精准投喂法'，我竞聘的是媒体公关总监，出国前我在国家级媒体企业做记者工作5年，跟他们这类公司打交道的经验很多。我只说了三件事，都是公司因为负面新闻被迫要接受媒体采访。我分别从不同角度证明了自己的突破能力，重点介绍了我是如何成功获得采访、调查机会的。我所说的突破能力主要是指打开工作局面的能力，比如被采访者一直不接受采访，我会想方设法说服对方接受采访。反过来，我作为公司的媒体总监，就知道如何去应对想说服我们接受采访的媒体记者。我还可以看出来采访提纲中那些会让我们踩坑的提问，我强大的媒体人脉可以帮助公司做好推广和舆论工作等。"我的这位学生做记者5年，报道过很多负面新闻，她在面试的时候只选取了跟这家公司市场背景、舆论环境相似的案例来说，这种"精准投喂"的面试思维帮了她大忙。

3. "痛点抓取"法

对于面试者来说，把应聘公司的发展现状、公司对应聘岗位的能力要求以及公司招这个岗位工作人员的真实目的了解到位很重要。

我的一位朋友，在大厂工作5年，因为个人原因不想继续在外地工作，想回到北京。在得到一个面试机会后，她将该公司最近三年的发展战略、行业变化以及该岗位之前离职的那个人的相关信息都进行了研究，她说："我从这家公司的网页，最近三年媒体报道过的公司新闻，公司领导参与的行业论坛、公开演讲或者接受媒体采访的节目，离职的那个人在社交媒体上发布过的信息等方面进行了研读。结合自己以往在大厂的工作经验，过五关斩六将进入了终面，最后成功拿到了录用通知。"

谈及这次面试，朋友说："面试就像打仗，不仅要自己带好武器，还得看对方的布防和参战人员。我就是抓住了这家公司目前发展中遇到的问题，之前离职的人就是因为没有能力做下去才走的。而我恰恰在这方面拥有丰富的工作经验和人脉资源，所以我在面试的时候，重点谈了公司的困局所在，需要我这个岗位在哪些方面去拓展。我抓住了公司的痛点，所以才有了机会。"

4."主动提问"法

不是所有的面试都能获得一份工作，有的面试增加了面试经验或者评估了个人的市场价值，还有一些面试帮你发现了自身问题，你可以从一次面试中有所收获，这样的面试思维你也需要具备。

最近我的一个学生打算从互联网企业转行到实体企业，一家在某行业处于头部的实体企业给他发来了面试通知，第二轮面试官是企业 HR 兼副总裁，他对我的学生非常满意。由于他竞聘的岗位特殊，最终面试将由总裁来做。在第二轮面试的最后，副总裁问他有什么问题想问的，他想了想说："从看到我的简历到您的下属跟您汇报第一次面试我的感受，再到今天您亲自面试我，您觉得简历里的我和实际见到的我，有什么不同吗？"

这位副总裁没想到他会问这样一个问题，先是肯定了他的工作态度，也诚恳地说出了自己的想法。最后副总裁说："你为什么要这么问我？"他说："您是资深 HR，看的人多，我想知道，如果我没有机会来您这里工作，我到底哪里不行，我应该怎么提升自己。"

我的学生问的是简历中的自己与现实中的自己各自给对方留下什么印象。其实，他还可以这样问："公司现在重新招聘这个岗位，你希望应聘的人在哪些方面的能力比之前离职的那个人要高？"或者"你觉得我还需要在哪些方面提升自己？"主动提问法并不一定是为了拿到这个岗位的录取通知，更多的是通过面试，获得一位资深 HR 的提点。听君一席话，胜读十年书。有些时候，我们在工作中用的是拙力，听完对方的指点，我们可以用一点巧劲。

一场面试对于面试者来说，不仅仅是获取一次工作机会，更是在市场背景下对个人市场价值的一次衡量，也是一个职场人了解自己、直面竞争对手的有利时机。学会从面试中汲取营养，是我们职场人需要具备的能力之一。

最后，还要提醒你注意听清楚对方的提问。面试的时候，不仅仅是自己说，还要注意听，特别是要听清楚、听明白面试官的问题。如果你没有听明白，可以采用重复的方式确认，你可以这样说："您的提问，我是这样理解的……您看对吗？"如果你理解错了，面试官会矫正你。很多时候，面试官对你产生不好的印象也跟你答非所问有关。

第二节

汇报答疑：听清问题，辨别问题，回答问题

前几天，学生小王约我吃饭，一见面就跟我大吐苦水。原来，他所在的团队刚刚结束一个项目，小王代表团队给公司管理层做汇报。为了做好汇报，团队还特意安排两位同事帮他梳理内容，并花心思制作了精美的PPT。本以为准备充分，没想到在回答领导问题的时候，出了状况。有一位领导的提问，小王没听明白，回答时磕磕巴巴，结果引起领导的不满。

工作中，我们经常要做项目总结、工作汇报，之后还要回答领导的提问。类似这样的场景，需要你听清问题，分层回答，为自己留余地。

面对他人的提问，我们可以从辨别性倾听和理解性倾听两个角度去理解对方的问题。辨别性倾听是指听者对于提问的目的进行有针对性的辨析。而理解性倾听是指听者对于提问者所提出问题的内容要有所理解。即使是一个小小的提问，想要回答好，也

需要你把各方因素考虑周全。

一般来说，一个发问者通常有以下几种发问的目的：

（1）真心讨教型：提问者的问题很直接，就是向你讨教解决方案。

（2）重复啰唆型：提问者为了让对方明白自己的意思，反复解释和强调某个话题。

（3）故意挖坑型：提刁钻的问题，故意给你挖坑，让你踩。

（4）自我吹嘘型：提问者通过提问显示他自己的能力多强。

怎么判断提问者是出于哪种目的提问的呢？

（1）真心讨教型：这类人通常提的都是实际问题，需要你给出具体方法，真诚的态度你是可以感知到的。

（2）重复啰唆型：为了让对方明白自己意思的人，最明显的特点是提问思路不清，车轱辘话来回说，重复啰唆是比较明显的表达特征。

（3）故意挖坑型：给你挖坑的人，最明显的特征是说话的语气有些阴阳怪气，或者是咄咄逼人，因为要看你的笑话，所以缺少善意，表达就会露出狐狸尾巴来。

（4）自我吹嘘型：通过提问彰显自己能力的人，比较好辨识，因为他一定会把自己做过的事情一一罗列出来，以便显示他自己的与众不同。

对于不同的提问目的，我们应该如何进行解答呢？我在这里给大家总结出了回答问题的三个步骤：

第一步：理解问题，即用理解性倾听的方法，梳理出问题，便于回答；

第二步：辨别问题，即用开放性回答，为自己争取话语权；

第三步：回答问题，定时定量，对难以回答的问题要为自己留余地。

接下来我们分别来说说这三步应该怎么走。

一、理解问题——听清问题，排除干扰

我们只有听清了对方的、理解了对方的意思，才能去回答问题。通常来说，提问者的哪些表达行为会影响我们理解问题呢？

1. 分清铺垫，找出问题

很多人在提问的时候，担心自己的问题对方听不懂，就会在提问前说很多铺垫和解释的话。比如下面这个提问。

"听了你的介绍，我大体上了解了这位主播的带货情况，看来你们直播间主要还是以自然流量为主，用户中 70% 是男性，年龄在 25 岁—45 岁，物流是大平台，选品主要是 3C 产品，以 100

元以下的中低价商品为主，4 个小时销售额 100 万元，**数据也不错了。为什么要一周直播一次，而不是像其他带货主播那样一周直播两三次呢？"**

这个提问是典型的"长铺垫"＋"短问题"的形式。这样的问题不难回答，只是比较消耗你的注意力，因为前面的铺垫较长，会干扰你的判断。

2. 对逻辑混乱的提问，先确认再回答

如果提问者说话思路不清，回答者可以先确认再回答。当他人提出问题，回答者没有明白什么意思的时候，与提问者一起捋问题，确认好提问内容是最好的表达策略。

还是直播带货这件事，如果对方这样问："我看了一个小时，这是你们第三次带货，一周带一次的频率并不高呀？你们带的都是 3C 产品，我看其他主播，勤快一点的天天都在直播呢。在你们直播间下单的用户群体跟 L 主播直播间的用户群体是不是差不多呀？你们这个插线板秒杀价是 29.9 元，我也下单了，正缺一个呢，价格真便宜呀！"

这个提问听起来就是杂七杂八的，提问者的逻辑比较混乱。面对这样的提问，你需要先跟对方确认问题。比如你可以这么说："感谢您在直播间下单，今天晚上的这 100 万元营收也有您贡献

的一部分（这句话是用于拉近关系的）。听完您的提问，我想，您的意思是为什么不增加每周直播的频次，怎么跟 L 主播形成差别，是这两个问题吧？"

当提问者思路不清、表达不明的时候，作为问题的回答者，跟对方确认提问内容，就已经占据了主动。因为在捋顺提问的时候，你可以把问题向自己擅长的话题上引，从而占据有利地位。因为发问者听你这么说，第一反应是他自己没说明白，下意识地会产生自卑的心理，原本咄咄逼人的发问气势，也被打消了很多。

二、辨别问题——用开放性回答应对闭合性提问

有些提问，你只需要回答"是"和"不是"。有些提问，你却需要做出很多的解释，才能把问题回答完整。来看下面这两个提问。

"这个 PPT 是你还是他做的？"

"这个 PPT 是怎么做出来的？"

这两个问题，你能听出来有什么差异吗？

对于第一个问题，你的回答通常是"是"或者"不是"。

对于第二个问题，你可能会这么回答："PPT 的内容是我们团队几个人一起写的，然后由小 A 排版设计。"

很明显，第一个提问属于闭合性提问，第二个提问属于开放性提问。在汇报答疑时，对方提的是开放性问题还是闭合性问题，直接影响着你的回答。提问者如果只想得到肯定或者否定的回答，他们就会使用闭合性的提问，而这类提问对于回答者显然是不友好的。对于回答者来说，开放性的提问有利于自己去进一步解释和说明。所以，如果对方使用闭合性的提问，你要试着去补充说明，为自己争取更多的话语权。

三、回答问题——定时定量，为自己留余地

回答问题的时候，你可以采用"定时定量"的方法。所谓的"定时"是指在一定的时间内回答完问题。多长时间合适呢？通常来说，三分钟是比较合适的选择。所谓的"定量"是指仅围绕提问者的问题来回答，最好不要随意拓展，防止自己答非所问、说跑题。此外，在回答问题时，你可以采用顺序表达法将自己的观点表达清楚。

还有一个回答问题的技巧，那就是给自己留余地。作为回答者，你最担心的是对方的提问，你没有办法回答。对于没有办法回答的提问，你可以这样应对。

大家看电视新闻节目的时候是否注意到这样的情况，演播室

的主播向身在新闻现场的出镜记者提问："张军，听完你刚才的介绍，我们对现场的情况已经有所了解了，我注意到就在我们连线的时候，你身后的船只刚刚抵达救援现场，他们接下来的工作是什么？"显然，出镜记者对于现场刚刚发生的情况是不知情的，可是主持人问到这里了，记者又不能不回答。这时候，记者通常会这样处理："主持人，就像你看到的那样，现场的救援力量还在源源不断地增加，我们的救援工作正在有序进行，这艘刚刚到达救援现场的船只，我们会在结束连线后前去采访，在下一个连线时段再报道给大家。"

你会发现，这位记者采取了缓兵之计。我们在回答问题的时候，也有可能遇到一时无法回答或者是不便在公开场合回应对方的情况。这时候，你可以这么跟对方说："张总，回答这个问题，我需要结合材料跟你说，你看这样可以吗？会后我去把材料打印出来，我单独跟你说。"

从公共场合改成私下的一对一，这对于你来说，心理负担会减轻很多，这样为自己留有余地的处理方式，既可以保全大家的面子，也可以更妥帖地回答对方的提问。因此，当你遇到实在难以回答的问题时，你可以用这种方法为自己保留余地、争取时间。

第三节

应对客户：了解需求，让客户更愿意和你交流

我的朋友 L 是一家互联网公司的营销总监，最近她在工作中遇到了一位说话逻辑不清楚，还喜欢出主意的客户。每次双方坐下来开会，会议室就成了这位客户一个人的秀场。这位客户属于想到哪儿说到哪儿的人，朋友 L 听完客户的需求，说道："李总真是一个想象力非常丰富的老总。刚才听您讲了 40 分钟，我大致听明白了，接下来我把您说的内容捋一下，跟您确认一下您的需求吧。"

接下来，L 从四个方面把对方的需求归纳总结了一下："李总，以上就是我按照您的意思捋出来的内容，您看看我领悟得对不对，哪些地方需要修改？"朋友 L 这么一说完，这位李总特别开心，大声说道："你们看，我说的 L 总监都明白，太好了。"

与这样的客户打交道，朋友 L 可谓是经验满满。L 说，其实像这样的客户有个优点，就是他能把自己的需求说出来，虽然逻

辑比较混乱，但是我们可以梳理清楚，再跟他确认就可以了。先肯定对方，然后将对方说的话梳理好，当你发现有些地方梳理不通的时候，可以按照自己的理解说下去，这种不直接指出客户问题的表达方式一方面可以保全客户的面子，一方面也可以顺利推进工作。

我的一位好友在大厂工作，有一天跟客户吃完饭，她嘱咐下属买点水果给客户送过去。想着这么点小事，下属去办一定没有问题，她就没有放在心上。等下属买完水果，她在酒店大厅正好遇到了。看到下属手里拿的水果，她就气不打一处来。下属买了一整个西瓜和火龙果，还有香蕉。酸奶买的是普通的家庭装的。好友批评下属说："既然买水果，那就要买切好的水果，准备好小叉子。酸奶应该买小瓶装，不要买家庭装。我们这是商务工作，不是家庭旅行。"

说到这儿，你是不是听出来了，无论从事哪种工作，对接客户不仅需要我们的专业性，还需要我们的服务性，这两点缺一不可。这里面的专业性既指工作内容上的专业度，还指处理与客户之间各种小摩擦的手法。而服务性，主要是指商务礼仪、人性化服务、社会交往中的人情世故。

一、专业化的服务手段：研究客户画像，帮他打败对手

对接客户的过程中，体现专业度的地方很多。比方说对接政府类的客户，需要你提前去了解这个政府部门，也就是我们常说的"跑口"部门，了解所对接的行业、领域最近出台了哪些新政策。想让客户觉得你专业，一些政策方面的专有名词、新提法、新概念你都需要知道，做好这些功课，是你跟客户对接工作的必需。与客户有共同语言，才能让对方知道你是内行人。

此外，与客户相关的案例要知晓。比如 A 部门想跟你们合作，为某贫困县的大米做一次直播带货。这时候，你就可以把之前你们跟 B 县合作的"金山银山旅游景区直播带货"项目作为背书案例来用。所谓的专业度，是你主动对接客户，以内行的语言展示专业的内容，让客户充分认可你的业务能力。

与客户合作，最好还要了解客户的竞争对手做过什么。这样的话，客户会觉得你不仅在为他提供服务，还在帮他打败竞争对手，这样就更能显示你的专业。

二、专业化的表达方式：谈需求、确认需求，将需求落实到纸面

想要拿下客户，你得让客户觉得这项工作没你不行。怎么让客户产生这样的心理呢？其实，与客户交流的过程，就是一个让客户产生这样的心理的机会。这里有几个步骤。

1. 听客户讲需求

客户在讲需求的时候，如果你哪里没有听明白或者听清楚，不要打断对方，要给客户充足的时间，让他把自己的需求清楚、完整地讲出来。然后运用听辨能力，抓取客户的核心意思，注意他反复强调的词汇，记好他提出的要求，因为这是客户的需求底线。

2. 与客户确认需求

等客户说完了，你要依据对方的需求进行二次确认。在确认的过程当中，要把你之前没听明白的地方讲出来。需要注意的是，与之前客户阐释需求不同的是，这时候是你们双方相互确认需求。在你来我往的交流过程中，要留心那些性格上犹豫不决，不能给你明确说法的客户。

在交流中，可以使用一些常规话术，使客户感受到你把他讲

述的内容进行了有效整理。你可以这样说：

　　马总，听你这么一讲，我对于目前贵公司的发展现状有所了解了，公司可以做到这个规模，得益于你的领导。刚才你跟我们说的这些需求，我试着做了一些归纳，你看看我这么归纳是否符合你的本意。我试图从三个方面理解这次合作。

　　第一：黄金位置最重要。这次展会我们的位置是一号厅正中，这么好的位置，我们要利用好，把下个月公司要推出的主营产品放在那。

　　第二：交互式体验是王牌。展览的重点是用户体验，所以，我们的互动区域要满足互动和人员的上下场。

　　第三：奥运冠军为国货冠军站台。你想突出"双冠"齐下的理念。

　　你提到的关键词是：看见、体验、"双冠"齐下。你看，我归纳的这三条是否合适，关键词是否准确？

　　这个话术的结构是：肯定对方、总分总进行归纳、主动请求对方矫正自己。这样的话术结构，给足对方面子的同时，也让对方看到了你整理归纳的功底。归纳需求对于你来说是个麻烦事，但是这个麻烦事会给你带来好处，更有利于你拿下客户。因为客户发现你是一个脑子灵光的人，知道他想要什么，对你的好感度增加，信赖度自然也会提升。

3.将需求落实在纸面上

经过第二步你来我往地反复确认需求之后，你需要将这些需求落实到纸面上，在现场让对方签字确认。如果你是把需求记在电脑上的话，一定要把这份记录发给对方，让对方回复确认。因为这样才能防止客户事后反悔、变卦，更好地保护你这一方。

在这里强调一下，最好的记录方式是用笔记录或者用电脑记录。有些人习惯用脑子记或者用手机记录，这样的记录行为，在客户眼里就是不专业的行为。毕竟好记性不如烂笔头，这时候烂笔头的作用更大一些。

三、文字记录，分清责任

无论是面对面的开会，还是线上的视频会议，只要是与工作有关的小组讨论、与客户对接，都需要一份会议纪要、意见共识。

会议纪要主要包括：会议主题，参会人员，会议时间。会议纪要还要把开会时讨论完、确认过的事项注明，讨论了一部分、还需要进一步商讨的事项也要进行记录。

具体的写法，你可以套用下方的这个模板：

各位好，以下是本次会议的纪要，请各位查收。

会议主题：关于孵化××医院李明医生个人IP的碰头会。

会议时间：2021年9月20日14点—15点。

参会人员：××医院宣传干事张军、××医院医生李明老师、MCN公司运营李雪、内容创作部王真。

会议已确认事宜：

（1）李明老师本人同意IP孵化项目。

（2）李明老师拍摄用文稿、摄影棚和化妆间、拍摄时间已经落实。

尚未落实事宜：

（1）与李明老师签订的合同，目前正在走法律流程，预计本周五合同可以通过审核，周末寄到李明医生手上。

（2）合同签订后，李明老师才可以拍摄宣传硬照，我们已经为拍摄做了预约，下周二进行拍摄，周四出片。

工作步骤是：

（1）工作内容纸面见：

每一次会议后，类似这样的会议纪要、意见共识要梳理出来，提供给参会人员，并需要所有参会人员的回复确认才行。如果有什么不同意见，可以随时沟通修改。

就拿上面这个项目来说，双方需要签订的合同正在走法律流程，预计是周五通过审核，周末寄到李明医生手上。将时间安排落实到纸面上，并经各方确认，这样才能避免下周二已经预约的宣传硬照的拍摄受到影响。

（2）客户配合须写清，避免扯皮背黑锅。

需要客户配合的工作内容要写清楚。比如客户不提供样品，我们这边就没有办法进行样品的拍摄工作。你和客户都需要知道下一步要如何配合，这些相互配合的工作也需要落实在纸面上，让客户签字确认，防止后续工作推进不畅，客户把责任推给你。

（3）特殊要求说前头。

还有一些工作的推进需要很多前提条件，如果客户只看到成果没有做出来，你这边也会很被动，这就要求你在前期对接工作的时候，把客户的特殊要求以及先决条件讲清楚。

四、向客户展示专业的一面

客户说需求时，他会把你只当成执行方。在客户眼中，提需求相当于下指令。遇到懂行的客户，你们可以在一个认知层面上交流，客户提出的需求往往也是合理和可操作的。但有些时候，客户是外行，外行提出的要求对于你来说一定是痛苦的。这时候就需要你把控客户的需求了。

第一步：客户谈需求时，正是你为客户把脉之际。

从客户提的需求中，你能了解客户的思路是否清晰、脾气性格是否好交流、专业水准是否过硬等情况。

第二步：面对强势客户，避免直接冲突。

如果客户属于强势派，讲起话来咄咄逼人，那么，即便他说得不专业，你也不要直接反驳他，避免正面冲突。这时候你需要利用自己参与过的成功案例证明自己的专业实力达到间接说服客户的目的，最终让他按照你的意见来做。

除了展示你做过的成功案例之外，你还可以深度分析客户的竞争对手，这对于客户来说是一种认知的矫正，也就更容易说服客户。

第三步：人多力量大。

见客户时，最少也要两个人前往，也可以几个人组建一个团队去。这样可以显示自身实力，让不同专业的同事给出更为细致的高品质服务。下面是一则话术模板。

我们为贵公司新产品拍摄宣传短视频的导演是业界大咖

×××，他会来谈一下创意。这是我们的摄像大咖×××，这次拍摄他将采用第一视角的方式来讲故事。我们的录音老师、剪辑老师、编导老师等也都来了，他们每一个人都会从自身角度出发，对项目如何运作进行分类分项说明。

利用团队内的组织架构和实力让客户产生信赖感。这种与客户交流的方式，一定会让客户觉得这是一个高品质的团队。

当客户谈完需求之后，你这一方最好是借助PPT谈想法，加入图片和视频资料，利用视觉元素辅助自己的表达，能够让客户更好地理解你们的想法。

与客户面谈之前，一定要准备好各种各样的材料，让客户感受到你们的专业能力。

第四节

闲聊引流：闲聊不瞎聊，不留痕迹地显露实力

我的学生小刘最近开始创业，找到了一位投资人开了一家化妆品公司。前几天是他生日，平日里走得近的几位学生一起聚会为他庆生，来聚会的这几位都是工薪一族，听他说创业，我们都觉得很新奇。从找投资人、技术方，到结识业界大咖，大家听得大呼过瘾。在一家银行工作的小郑听着听着兴奋起来，不断向小刘喊话："我干脆辞职跟你干吧，我给你去做直播，去拍短视频怎么样，我在银行就是负责这一块儿，有经验呀！哈哈……"

小刘听小郑这么说，没有立刻接话茬。晚上到家之后，小刘给我打电话说："宋老师，我不是要让小郑难堪，说实话我最近也在招人，但是小郑不是我要招的人，虽然大家经常在一起吃饭，可是咱们聚会的时候，小郑说的都是明星八卦、男女恋爱的闲话，在她身上我看不到与美妆行业有关的能力，我对她什么都不了解，不敢用她。"

听到这儿，你是不是听出一些门道了。小刘是一个在日常生活中处处留心的人，而小郑在这方面缺少意识，少了一根筋。在庆生会上，小刘很巧妙地说了自己工作上的事情，他这么做不是显摆，不是炫耀，而是分享。如果明年他的新产品上市了，他需要大家帮忙的时候，一定会有人愿意帮他。因为他已经在大家平时吃饭聊天的时候分享过这一切了，这就是小刘聪明的地方。

反观小郑，每次吃饭说明星、聊八卦最来劲，这样只会给人留下爱玩爱闹不务实的印象。在日常社交中，我们需要有意识地让闲聊有营养，让社交行为有成果。想要我们的社交行为产生效益，我们需要在聚餐、下午茶这样的生活社交场景中，有意无意地谈及自己的工作，在不显山不露水的情况下，为自己赢得更多的机会。

一、熟人间聚会：时刻留意，主动交流，释放信号

前几天一位朋友搬进新家，我们几个人去他家暖房，好久不见的学生小 C 也去了。吃饭前，我们一起择菜、说闲话的时候，小 C 先聊起了自己的现状。小 C 在一家电视台做主持人，她吐槽说："别提了，领导让我们在抖音、快手上开个账号，我也想做，可是我没有拍短视频的经验。"接下来，小 C 就把自己的想法说

了出来："如果要跟人合作的话，最好是知根知底的 MCN 公司，在合作中自己最好可以有一定的主动权，另外就是要能为自己开拓市场。"说完这些，小 C 扭头跟坐在身边的小 A 说："我前几天看你发朋友圈，说公司打算孵化几个 IP，你看我怎么样？要不干脆孵化我吧，哈哈！我的情况你了解，你的情况我也了解，主要就是你看看我值不值得你孵化吧！"

我跟学生小 C 不是很熟，听她这么一说，我还有点小小的诧异。没想到坐在她身边的同学小 A 说道："我今天来吃这顿饭，就是想跟你聊聊这件事，我还担心你看不上我们公司呢，哈哈。既然你这么敞亮，那我也不含糊了，明天到我公司咱们好好说说。"

熟人之间聚会，要做一个有心人，时刻留意周围朋友的动态，看看哪些资源可以利用上。小 C 的话术是值得借鉴的，我们一起来分析一下。

1. 直抒心意，说明问题

"别提了，领导让我们在抖音、快手上开个账号，我也想做，可是我没有拍短视频的经验。"

2. 表明立场，亮明底线

"如果要跟人合作的话，最好是知根知底的 MCN 公司，在合作中自己最好可以有一定的主动权，另外就是要能为自己开拓市场。"

3. 主动勾连，恰当衔接

"我前几天看你发朋友圈，说公司打算孵化几个 IP，你看我怎么样？要不干脆孵化我吧，哈哈！我的情况你了解，你的情况我也了解，主要就是你看看我值不值得你孵化吧！"

在这里需要提醒大家的是，熟人之间聊正经事最忌讳的是开玩笑。平时大家聚会说话，我们都属于气氛的营造者。但是，说到这样正经事的时候，如果还是嘻嘻哈哈的语气，那就不合适了，反而影响了你自己的正事。

也许说到这儿，有人会说，这不是把朋友场当成生意场了吗？这就要矫正你的一个认知了，人际交往中，维系关系靠的就是相互帮助，恰恰是我借你的力，你才好意思用我的力，这样你来我往，朋友之间的关系才会稳固。倘若只是一方用另一方，长此以往，关系就容易变质。学生小 C 恰恰是看了小 A 的朋友圈，才知道小 A 有专业团队，正在找可以合作的人。

熟人之间，知根知底。少了客套，多了直接。少了试探，多了真诚。熟人之间在某些事情上的交流与沟通带有天然的优势。但很多时候，有些话只有面对面才能说得透，事情才会有效推进。

周末、生日、节假日恰恰是熟人之间社交最频繁的时刻，想要为自己争取更多资源，就要把握机会，主动交流。

二、陌生人间聚会：先听后说，建立关系，真诚请教

前面说到小刘创业开公司的事情。其实，他上大学的时候，就是一个整合资源的能手。这次聚会，他讲了很多自己的创业经历，他通过合作方间接认识业界大咖的事情让我印象深刻。过程是这样的：小刘的项目启动有一段时间了，其间他找了一个技术大牛 W，小刘跟 W 带领的技术团队磨合了半年多。5 月份的时候小刘再次去研发中心跟 W 的技术团队开会，中午一起在食堂吃工作餐，无意间他看到一位业界大咖张总带着团队在旁边一桌吃饭。在 W 的协调下，他们两桌就拼在一起吃饭。

W 是这位业界大咖张总的学生，见到老师自然话就多起来，从张总的新研发项目说到了跟小刘的合作。小刘听他们说到了自己的项目，顺势接上话茬说道："这次能跟您的高徒一起合作，我觉得非常荣幸。我这次跟 W 的团队合作，研发的项目是一个新领域，刚才技术方面 W 都跟您说过了，在市场推广时，我们想用现在的视频平台 ×× 做短视频带货和直播带货。我看到您在直

播间推广您手上这个产品了，我还记得您当时穿的是淡蓝色的衬衫呢，哈哈，所以，也正想请教您，像我们的新研发产品在直播带货时需要注意什么呢？"

听完小刘的话，这位业界大咖张总非常开心："小刘，看来我的事，你研究得挺透啊。你是个有心的创业者呀！那我就来说说宣传推广的事。"

原来，在与张总见面前，小刘已经通过各种渠道对这位大咖有了了解，这些准备工作为他与张总的首次见面积累了语料。果然，这顿饭吃完，张总主动加了小刘的微信，还说有事可以随时找他。

我们来分析一下小刘的表达策略，这里面的话术值得借鉴。

1. 先听后说

小刘虽然认识技术人员 W，但跟这位业界大咖张总是第一次见面，并不知道这个人的脾气秉性。所以，这样的场合，先听比先说更明智。有一些人存在误区，认为好不容易经人介绍遇到自己要找的人，就要抓紧时间解决自己的事情。需要提醒你的是：当你进入一个陌生环境，不冒犯这个环境中的人是最重要的。有时候单纯地表达自己的热情反而坏事。

2. 强调自己与对方的联系

小刘没有一张口就说自己的项目，而是先介绍自己与 W 的关系："这次能跟您的高徒一起合作，我觉得非常荣幸。我这次跟 W 的团队合作，研发的项目是一个新领域，刚才技术方面 W 都跟您说过了……"这里为下面的请教做了一个很好的衔接。

3. 请教姿态是获得帮助最好的武器

小刘想让业界大咖张总给自己新研发的项目把把脉，怎么才能搭上对方呢？这就需要考虑对方的实际情况。对话中，小刘是这样说的："我看到您在直播间推广您手上这个产品了，我还记得您当时穿的是淡蓝色的衬衫呢，哈哈，所以，也正想请教您，像我们的新研发产品在直播带货时需要注意什么呢？"先以观看对方的直播入手，会给对方留下一个好印象，接着诚恳地请教，这样的姿态一定会让大咖感受到他本人的真诚。

所以，在陌生人间社交型聚会，你需要先听再说，先跟对方的身份、从事的项目搭建起关系，最后再抛出问题，这样真诚可信的态度，才能获得对方的好感和帮助。

三、生活社交场景中的表达大忌

1. 熟人之间的表达忌讳"自以为是"

我们在跟熟人说话的时候，不自然地会说出这样的话："你这磨磨叽叽的，快点说好不好？""你什么时候都是急得跟个猴子似的，就不会慢点说呀！"

这样的情形是不是在日常生活中经常见到？这里需要提醒你的是，不要认为自己对他人特别的了解，就可以无所顾忌地说话，自以为是的表达反而会让自己很被动。

2. 熟人之间的表达忌讳"让人代言"

该说的话要自己去说，而不是让他人代你说。如果让他人代说，在某种程度上，会让对方怀疑你做事的能力，一个连话都说不明白的人，做事能靠谱吗？如果别人对你有了这样的印象，显然对你不利。

3. 陌生人之间的表达忌讳"喧宾夺主"

到了饭桌上，立刻张罗加菜倒酒，跟谁都好像是老相识，那种"我的地盘我做主"的霸道的待人说话方式让人反感。这种冒犯感极强的表达方式一定不要有。

4. 陌生人之间的表达忌讳"过度客气"

遇到生人，我们会担心自己的言行给他人留下不好的印象，因此在跟人说话的时候会过分客气和尊敬，这也是要不得的。如果矫枉过正，总是担心自己冒犯到别人，就会适得其反。因为生人之间的表达，通常都是围绕项目合作协商讨论，带有目的性。过于客气的人，遇到对方提出比较强硬的要求时，为了不伤和气，不敢直接反驳，造成的结果就是，双方和和气气，但事情推进不下去。既然合作的目的都无法达成，那还要客气有什么用呢？

第五节

推销自己：找对方法，让自己更值钱

跟大家分享一段我的亲身经历：

"宋老师，你好，这次太麻烦你了，帮我们找到这么好的专家资源，实在是太支持我们的培训工作了。对了，宋老师，您是教什么的呀？"这是我有一次帮朋友的忙，为苹果公司的销售部门请专家老师授课时，对方的负责人跟我说的话。我接下来的回答，为我赢得了为苹果公司三个部门语言和直播业务培训的机会。

当时，我是这么说的："我是中国传媒大学播音主持艺术学院的老师，主要是教人怎么说话的，社会性培训主要是提升职场人的语言表达能力。像在你们苹果公司这样的世界五百强企业中，大家在用 PPT 汇报工作或团队成员之间进行业务交流时，都需要用到语言。如何让自己说话有逻辑，减少时间上的消耗，是这些培训的目的。我之前为阿里飞猪高管做过相关培训，目前正在为字节跳动的一个部门做长期的语言培训。"

"那你都给他们上什么内容的课呀？"

"我上课，会根据客户的需求定制课单。如果可以，我给你发一个课单，你参考一下，然后我可以为你们的团队再定制一个课单，这样可以吗？"

"宋老师，太好了，那我就等你的课单了。"

就是因为这样的回答，我成功地得到了为苹果公司做语言能力提升的培训工作，各个部门前后有十余场，培训人次有500多。我站在国贸三期的会议室里，跟他们分享有关语言的使用方法。从他们课后跟我的交流中，我深刻地感受到他们对语言培训课程的喜爱，原来让自己语言能力提升还有这么多办法。

说起推销自己，你先想到的肯定是在面试求职的时候，跟面试官做自我介绍。其实，除了面试求职的场合之外，工作和生活中我们还有很多机会向别人推销自己，我们需要为自己背书。

一、利用平台为自己背书

对于普通人来说，正处于事业发展起步阶段，尚未拥有一定社会知名度的时候，我们想为自己争取更多的机会，首先可以考虑利用平台为自己背书。这里需要注意的是我们利用平台背书时要根据不同情况采用不同的说辞。

最近，我接到一份工作邀请，为某互联网公司的老总做一对一的公开演讲培训。对方一开始还没有确定是不是要邀请我，当我这样说之后，他们很快决定找我做培训。我是这样介绍自己的："我在中国传媒大学播音主持艺术学院任教，为苹果公司、阿里旅行、字节跳动媒体合作部、三星公司、美国通用医疗以及一些企业的高管做过很多培训。无论是公司内部的公开演讲，还是新产品发布这样的商业演说，我都有着丰富的培训经验。"

你注意到了吗？我谈到的培训经历是我曾为苹果公司、阿里旅行、字节跳动媒体合作部、三星公司等世界五百强企业及部门做培训，虽然我也有为住建部、中国记者协会、新华社、人民日报等部委、国家级的媒体做演讲培训的经历，但我没有提及。因为这些主题性演讲跟互联网公司需要的战略内容为主的演讲不属于同一个范畴，即便我跟对方说了这些经历，也没有多大用处，还会让对方误以为我分不清楚这些演讲之间的区别，反而弄巧成拙。

我的表达策略是：根据对方的平台性质做介绍。

如果对方是新兴的互联网公司，我就介绍我曾为世界五百强企业做培训的经历。既然利用平台背书，就要考虑平台的属性。首选相同属性，其次选取相似属性。假如我没有给互联网公司做商业演讲的经验，退而求其次，可以把主题性演讲培训的经历加进去。

二、利用经验为自己背书

有句俗话是"看人下菜碟"，在工作和生活中，我们经常会遇到一些自视甚高、瞧不起人的人，同这类人打交道时，就需要拿出一些证据，让我们的话语更有分量，让对方心服口服。

我的一个学生，研究生毕业不到 3 年，就已经可以担任大片的导演了，在台里属于年龄小、业务强的"90 后"优秀代表。因为她天生一张学生脸，经常被人误以为是来台实习的大学生，所以她经常会遇到一些不把她当回事的人，导致她在工作上处处受挫。为了解决这个问题，她凭借以往的工作经历给自己背书，让她的话相当地有底气。

有一次，她去外地为拍摄片子踩点，就遭遇了接待人员的无礼对待："你们台怎么派你这么一个小孩儿来谈事呀！这么大的项目，你一个人来这儿走一趟，就能定下来吗？你们领导可真是放心呀！"

她不慌不忙地拿出手机，点开收藏夹的一个链接说："张大哥，我给你看一下这个。前一阵子你们内部学习是不是看过这个片子？"接待人员凑过来，看了一下，回答道："是的。看这个片子的时候我们领导下达的通知是最高规格的，我有印象。"

她把视频拉到最后，在演职人员画面处暂停了一下，然后把手机和记者证一起举起来，说道："您再看看。这个片子是我们台应上级部门要求制作的，后来部门领导选了三个业务骨干来做，我就是其中之一。这已经是我参与的第三个类似的项目了。对于这样的项目，我想我应该有资格说，没有人比我更适合做了吧。"

虽然在他人面前故意说出自己做过什么重要的工作，有炫耀之感，但该亮明身份的时候也要善于表现自己。果然，等她说完，这位接待人员立刻露出羡慕和欣赏的眼神，对她的态度也发生了很大转变。

我的导演学生说话之所以有分量，是因为她用自己的成功经验凸显自己，达到震慑对方的目的。这里面有一些处理技巧，首先，面对不友善之人，无论对方是故意挑衅还是无心之言，你都需要暗示自己，不要起负面情绪。接着，要言之有据地证明自己。学生把演职人员表和自己的记者证一起拿给对方看，是利用自己的经验为自己背书。

三、借助权威人士为自己背书

原央视的著名新闻节目主持人李小萌是我的师姐，2019 年 4 月，她正在为东南卫视制作《你好，妈妈》系列人物访谈节目，我带着几位研究生去现场参观学习。4 月 10 日，李小萌采访的嘉宾是奥运冠军邓亚萍，场地选在了北京服装学院的体育馆里。整个采访过程非常顺利，采访结束后，我去休息室跟师姐告别。看我进来，师姐顺势把我介绍给了邓亚萍："这是我师妹，中国传媒大学的宋晓阳老师，国内演讲方面的高手，前一阵我在《人物》的那个演讲稿，就是她操刀的。"

听师姐这么说，我立刻接话道："亚萍姐好，我只是帮师姐一点小忙，改了一下稿子，师姐 20 年主持人的功力在那儿，最后演讲效果特别好，还是靠她自己。今天看采访，亚萍姐真是媒体人喜欢的嘉宾，表达好，会讲故事，这期节目一定很好看。"后来我们相互留了联系方式。

生活中，我们会在这样的场合认识一些新朋友，朋友之间相互介绍，朋友的朋友就变成了自己的合作伙伴，为彼此提供更多的机会。职场上会谈时，谈到彼此都认识的权威人士，如何利用这些人为自己背书呢？主要有以下两个策略：行业权威打前站，个人能力是关键。

　　每个行业都有知名人士，这些人的社会地位、拥有的行业话语权无形中会带来很多机会。在播音主持行业从教近20年来，我教出来很多优秀的学生，很多人踏上工作岗位或者得到一些工作机会，也是依靠我提供的一些机会。

　　一档地方电视台的新闻访谈节目在北京制作，栏目公开招聘主持人，在面试的时候，我的一位学生巧用我为自己背书，最后得到了这个工作机会。学生面试后跟我打电话说，"宋老师，幸亏面试的时候提到了你，我才有试镜机会，最终得到了这个机会。"

　　面试的时候，学生是这么说的："各位好，我来自中国传媒大学播音主持艺术学院，师从宋晓阳老师，她后来推荐我去电台实习，我最后留了电台。自进入媒体行业以后，每年两会以及重特大事件的新闻报道我都有参与，主要负责前期采访、新闻播报以及新闻评论的工作。这是我的作品，你们可以参考看一下。"

　　后来这个节目的制片人给我打来电话，感谢我培养了这么一位优秀的学生。制片人说："这位主持人虽然说是您的学生，我们也很了解您，知道您治学严谨，但根据节目的需要，我们也要考察面试者的能力，他拿出自己报道过的作品，我们几个面试官都觉得不错，就让他来试镜，果然很优秀。"

　　通过这个故事，我想表达的是，我们在利用权威人士为自己背书的同时，还需要把个人实力展现出来。如果我的学生只想着利用我来为他背书，而他自己没有过硬的业务能力，显然也是不行的。

无论是职场上，还是生活中，自我背书最忌讳的是夸大其词、自相矛盾。前几天我跟一位出版社的老板见面，对方希望我在他们社里出书。为了证明自己的出版社能力很强，这位老板说："我们社里的资源特别多，现在直播带货这么好，我们会找到最好的带货人帮你卖书，现在最火的带货主播×××，我们特别熟，上周在她的直播间，我们出版的一本书卖了3万册呢。"过了一会儿，聊起现在的销售方式，这位老板又说："现在都在直播间带货，那些主播压的价格特别低，卖得越多我们越赔。现在真是不好干呀！"

你是不是听出来这位老板自我背书中出现的问题了？与事实不符的话，不但达不到宣传的目的，反而会造成周围人对你能力的质疑。如何判断一个人自我背书中的夸大其词呢？

（1）借他人大旗，为自己助力。按照常识来判断，只要是货好，带货主播都会带的。这位老板太想利用有知名度的带货主播为自己助力，显得底气不足。

（2）利用信息差对缺少行业知识的人进行轰炸。一场直播卖了3万册，这位老板想利用数字来说明问题，但是数字的选取过于玄乎，这就是夸大其词的一个信号。

（3）喜欢忽悠他人的人，说话最容易前后矛盾，因为是谎话，在表达的时候，难以做到严丝合缝、不露马脚，所以，这样的人往往喜欢夸大其词。

第

三

章

思辨型表达：
有策略地说服他人

第一节

事实性说服：用事实说话，让说服变得更轻松

很多时候，人与人之间的沟通和交流，根本目的就是说服。为了让说服更轻松，我们可以采用事实性说服的方法。

我在抖音上关注了一位收二手车的博主，他的视频记录了整个收车的过程，最有趣的段落就是他跟车主议价。在来来回回的讨价还价的过程中，他能成功地把车按照自己理想的价位谈下来，采用的就是事实性说服。下面这段对话就是他说服对方的过程。

刘掌柜："你这车看着就像冰雹砸过的，我粗略地看了一下，就这一块儿就有七八个坑，即便是无痕修复也能看出来，再看后盖，大大小小有 20 多个坑，洗车后抛完光，从这个角度看下去，还是能很明显地看到。如果作为商品流通的话，你要的那个价格肯定不行了，得减一点。"

车主："我还想让你加一点呢。"

刘掌柜："加不了，得减一点了，减1000元。"

车主："好吧，按照之前说好的，减1000元，签合同吧。"

刘掌柜现场看完车，发现自己之前跟车主谈的价格有点高了，他的心理价位是在原有价位基础上再降1000元，主要就是因为前后车盖上的坑。作为砍价的一方，他用于说服车主的话都是事实。如果他说自己开了3个小时车，辛苦过来一趟，让车主给他减1000元，车主肯定不会减的。刘掌柜利用车辆本身存在的具体问题说服对方，让说服变得轻松，因为这些问题是客观存在的，交流双方只要认可事实，那么，沟通就会顺畅很多。

既然说到用事实来说服对方，那么就要回答一个问题，到底什么是事实？你能分清楚什么是事实，什么是感受吗？对哪些人进行说服的时候，需要用到事实性说服的表达策略？需要用哪些事实来说服对方呢？

人们在日常生活、工作中的沟通与交流，通常由事实、感受、观点这三部分组成。怎么区分和判断这三点呢？下面我用一个事例告诉你这三部分之间的差异。

什么是事实呢？来看下面这段内容。

我今天是坐地铁一号线来上班的，由于线路出现问题，地铁

如何有逻辑地表达

停运了 15 分钟，车上好几位同事上班都迟到了。

这段话以事实为主，描述了一些基础性的信息，这些信息组合起来帮助我们了解情况，做出判断。

什么是感受呢？还是这个例子，我把感受加进去，你再来看一下。

我今天是坐地铁一号线来上班的，车厢里人特别多，脚都没地方站，气也喘不过来。不知道谁吃了韭菜包子，还打嗝，那味儿别提了。倒霉的是，地铁线路出现问题，地铁停运了 15 分钟，把我急死了，唉，这个月的全勤奖又没了，我还想买那件大衣呢。从公司这站下来，我发现车上好几位同事上班都迟到了。

上面说的内容中，属于感受的话是："车厢里人特别多，脚都没地方站，气也喘不过来。不知道谁吃了韭菜包子，还打嗝，那味儿别提了。"这句话只是乘客在坐地铁的时候，身在拥挤的车厢，发出的个人感受而已。感受性的表达使用比较多的是形容词和副词，感受都是由主观出发，事实是客观存在的。

作为听者，如果把对方的感受当成了事实，就会影响你的判断。

那么，什么是观点呢？还是这个例子，当事人中午跟同事吃饭的时候，说起早上的事，他给出的想法和观点是这样的。

今天地铁一号线在早高峰时段出现故障，导致线路停运15分钟。事实上，这样的问题上个月也出现过，我记得，当时地铁方面给出的答复是：类似事情绝对不会再出现。今天事故再次出现，我想跟地铁工作人员说：表决心的话，不要说得太满。

观点通常来说是一个判断句，里面有很明显的判断用词，比如"是""不是""我想""我认为""我判定"等。

分清了事实、感受以及观点，我们接下来需要考虑的是在哪里跟谁交流的时候需要使用事实。职场作为情感洼地，眼泪在这里只是一滴咸咸的水，打感情牌，利用情绪打动别人，不会有人买账的，只有事实才能为自己助力，打开困局，只有用事实，才能让说服对方成为可能。

我的学生是一家互联网公司的HR，由于疫情，整个公司的工作方式都发生了改变，无论是内部沟通还是外部联系，几乎都需要利用线上交流平台。于是，人力资源部门酌情增加了新的培训项目，比如线上沟通方法等，因此，需要跟领导申请增加培训预算。眼看到第四季度了，按照之前的计划，人员培训费用已经

如何有逻辑地表达

支出了 80%，剩下 20% 的资金显然有些捉襟见肘。为了提高员工的沟通能力，需要增加课程，同时需要增加 10% 的预算。想要说服领导增加预算是比较难的。我的学生是这样运用事实来说服对方的：

张总："年底了，要增加预算，我的脑子都快炸了。这不是想一出是一出嘛！"

学生："张总，不提高员工线上沟通方面的素质，想一出是一出的事情就会一个接着一个。昨天开线上会议，您把运营部的部长批评了一顿。其实，类似的情况今年公司已经发生八九次了。有三次因为员工线上沟通能力的问题，我们跑单了。人力资源在例行的调查问卷中，发现员工对于这方面的培训需求很强烈，大概有 73.5% 的员工想在这方面有所提升。另外，我们目前找到了三位老师可以来培训，根据这三位老师的报价以及新产生的培训需求，我们需要增加 10% 的预算。我查了往年的培训情况，我们在2011 年和 2015 年都有增加培训预算的情况。"

我的学生说，他用一分钟就说服了领导，这一分钟里面说的信息都是事实。我们来分析一下他的表达策略。

第一，列举案例，因为缺少能力导致跑单。

第二，用调查问卷说明员工的真实培训需求。

第三，新培训项目需要增加预算。

第四，增加预算有先例可循。

学生说，他跟领导这么说完，领导的回答是："你这一分钟的话，把我的嘴巴堵得死死的，该说的都说了，一句废话都没有，都是干货。"

领导这里说的干货，其实就是事实。

列举事实，是最有效的说服方法之一，能达到事半功倍的效果。因此，想要轻松地说服别人，就要分清事实、感受、观点，少用态度，多用事实进行说服。

第二节

共赢性协商：站在对方立场，为自己赢得主动

前几天我接到一位师弟的电话，这位师弟在地方院校播音学院担任主任职务，刚刚上任一年多。为了提升他们播音学院的影响力，提高学生们的业务能力，他想请一位央视的主持人去他们那儿讲课。但是，苦于自己没有人脉，想通过我跟对方取得联系。听完师弟的诉求，我考虑了一下，跟他是这样说的。

师弟，我大概知道你为什么想请这位主持人去讲课了。你看这样可好，既然请这位大咖来给学生们做讲座，除了按照规定给课时费之外，是否可以聘请他做你们学院的客座教授，在讲座结束后，由院长颁发给他一个聘任书。当然，这个事，我也要跟对方说一下。你这边也跟院长商量一下。如果每年都可以请这位主持人来讲课，对于学生来说是好事。通过这个事，你可以逐渐负责起你们学院外联的工作。当然，跟这位主持人的关系就要靠你

来维护了，这样关系就算是建立起来了，以后再请对方也好有个由头，也可以通过这位主持人再请其他的主持人。从这位主持人的角度来说，加了一个客座教授的标签，也是好事。

听我这么说完，师弟连连点赞。他说："师姐，我之前只考虑我们学院这边的诉求了，压根就没为大咖主持人着想。听完你的建议，我忽然学到了做事的一个思维，就是站在对方立场考虑的共赢思维。没想到找您帮忙，我还多学会了一招，太谢谢师姐了。"

后来，通过我，师弟跟央视的大咖主持人联系起来，这件事情双方都很满意。我之所以采用这样的表达策略，主要是同时站在师弟和大咖的立场去考虑问题。一方面我可以帮助工作努力的师弟更好地完成工作，一方面我可以帮助大咖主持人多建立一个分享知识的阵地。当我去说服师弟按照我的想法做这件事情的时候，我采用的是共赢性协商的说服策略。

平时点外卖的时候，你是否有过这样的经历：打开外卖袋子，发现老板送了一个软饮，或者是收到店家的优惠券，我们立刻会有得到好处的感觉。其实，店家的这些小心思不难猜，就是想给你一个意外惊喜，希望下次你还点他家的外卖。店家的这些做法使用的就是共赢策略——店家赚了钱，消费者得到了好心情。

在生活中，我们也要具备这种共赢思维，这样才能将事情办好。那么，什么是共赢思维呢？通俗点来说，就是不仅要考虑自己的利益，也要考虑他人的利益和需求。就像做外卖，店家不仅要考虑自己的盈利情况，还要考虑顾客收到外卖时的用餐心情。而赠送软饮或优惠券就是让消费者获得利益和产生精神愉悦感的最有效方法。

通常来说，在一些工作的推进或者项目的建立中，我们做事的出发点大多是考虑自己这一方，长此以往，自私自利就会成为我们的思维习惯。而在大多数情况下，只考虑自己的利益，忽略对方的利益，最终会影响双方的关系。只有共赢才会走得更远。

一、相互帮助，关系才能长久

我的一个学生毕业后进入电视台做记者工作，她是一个不喜欢给他人添麻烦的人，能自己做的事情，从来不张嘴求人，即便是对方展示友好，她也会婉拒的。按照她的话说，尽量不要欠人情。虽然工作上她可以独当一面，可是人缘一直不好，她明显感觉同时期进入台里的其他人，与周围同事的关系比她与周围同事的关系要好，他们一起吃饭、看电影或者逛街购物，而她跟同事只是点头之交。她不麻烦同事，同事也不会主动帮她。

前几天我跟这位学生约着喝咖啡，她把这个困惑说给我听。学生说："宋老师，有一天我在台里加班，晚上快 8 点了，我还没吃饭。这时候我的一位同事要去拿快递，顺便问我需不需要带一个煎饼果子做晚饭。其实，我特别想吃，但是一想，同事拿完快递就能回来，但要为我带晚饭的话，就要耽误他的时间，实在是不好意思，我就说自己减肥，不吃晚饭。"

学生跟我说完这件事，我就知道她人缘不好的原因了。我说："你这种不麻烦别人的思维会影响你的职场人际关系。在职场上，人与人之间要想建立好关系，是需要相互麻烦的。你的同事主动提出帮忙，从某种意义上来说，他想通过这种相互帮忙的方式拉近彼此的关系。如果你具备共赢思维，你就应该接受对方的帮助，这样你在职场中的人际关系就会变得更好。"

职场中，我们的很多工作需要与其他人合作，有些合作可能只对一方有利，但有些合作是双方都获利的。无论什么样的情况，我们都需要利用共赢性思维与他人展开沟通交流，在获得自我满足的同时，还要考虑到给予对方一定的物质或者是精神上的满足感。这样做，可以让我们在职场人际关系中处于有利地位。

我在播音主持艺术学院担任教学工作近 20 年，日常教学中经常跟学院的本科教学秘书和研究生教学秘书两位老师打交道，他们两人工作认真又细致，为我们一线教学岗位上的老师解决了很多问题。

前几天我的研究生小课开始了，分配的教室没有大桌子，不太方便学生们记笔记，我就跟教学秘书说明了情况，问题很快得到了解决。我跟教秘说："每次找你解决问题，张嘴麻烦你，我一点心理负担都没有，你这教秘真是让人倍感舒服。"

教秘老师说："宋老师太客气了，这都是分内的活儿。我们这些做行政的老师就是要帮教课的老师解决这些问题的。虽然就是日常工作的协调，但是您就是不一样。您每次有事找我之后，您的感谢让我感到特别舒服。"

教秘帮我解决问题，这个事情只对我有利，我并没有给对方带来什么实质性的利益，但是，我可以通过感谢的话给予对方精神层面的慰藉。职场上、生活中，在情感上给予对方鼓励也是重要的表达策略。

二、激发对方的自驱力

有时候，你作为项目负责人，需要带领同事完成某一项工作。接到工作时，同事会自然而然地认为他只是这个项目的执行人，只是在协助你，所以并没有多大的自主意识。你的合作伙伴产生这样的心理，对你来说，并不是好事。这就需要你在项目开始时，帮助自己的合作伙伴产生同舟共济之感，让他明白，他并不是在为你做事，而是在为自己做事。

而顺利完成一个合作项目，需要的是每一个参与者都具备主人翁的意识。那么，如何让合作伙伴产生自驱力呢？你可以采用这样的表达策略。

1. 从对方第一次参与的重要意义入手

项目接手前，先了解一下合作同事的情况。摸清情况后，你再结合项目有针对性地指出这些工作对于同事的意义。如果对方是第一次参与这样的项目，那么你可以从该项工作对同事的职业能力提升的意义入手，去说服对方。

比如：你要跟三位不同部门的同事合作完成一场"双十一直播"活动。其中有一位同事是第一次做跟主播相关的工作，你可以这么跟他说："这次能跟主播对接直播流程，对你来说是一个非常不错的机会。如果你能做得比较出色，下次直播活动，我可以向老板推荐由你来做主播，加油！"

听完你的话，同事会意识到这场直播活动对他的意义，这样就会激发他努力去做好这场活动，让他主动地去配合你完成这项工作。

2. 从自身经验出发让对方理解工作的意义

如果同事还是没有那么积极主动的话，你就需要找他约谈了。你可以把自己以往的工作经验分享给他，告诉他，以前你是怎么做这项工作的，在工作过程中需要注意哪些问题，通过哪些细节的执行，最终做成了这个项目，并且要将自己从完成项目所获得的益处分享给他，让他充分感受到这个益处。

还举上面这个案例，你可以这么说："小刘，对接主播的工作，你有什么打算吗？去年的双十一，我也跟这位主播合作过，我想跟你分享一下我的经验。这位主播在直播前有个习惯，那就是，即使再忙，她也要自己过一遍稿子。所以，我建议你提前给她准备一份直播文案，将直播中的重要节点告诉她。我也是在跟许多不同主播合作之后才意识到，把握每一位主播的小习惯的重要性的。去年跟这位主播一起做完直播活动后，我就可以自己挑大梁了。我想，你也没有问题的。"

如果你能把自己操盘以往项目的心得、工作感受分享给他，就不会让对方产生反感心理，反而会让他意识到好好做这项工作对自己的意义。站在对方的角度去表达，就可以打消对方消极做事的心理意识，转而让他以主人翁的心态参与其中，积极主动地做事。

第三节

演示型传授：一教就会的传授方法

职场上、生活中，我们经常要告诉同事或者朋友怎么做一件事情，比如如何去财务处报销发票单据、如何登录公司系统修改相关信息，再比如如何用咖啡机、如何调制美味的饺子馅等。你是否经常会有这样的疑惑，为什么明明自己说得很清楚，对方就是学不会呢？

前几天，我的一位学生约我吃饭，她在一家媒体实习，每天要跟老师学习很多东西。一见面，学生就开心地跟我说："宋老师，您帮我找的这家媒体太好了，学的东西多，带我的老师人也很好，就拿今天下午他教我操作后台系统来说，他就讲了一遍，我就学会了，您说我是不是太聪明了？"

"你聪明倒是真的，但是带你的这位老师也是一个带新人的好手，这么复杂的事情，你学一遍就会，这说明他的传授方法一定很特别。"

"您说对了，这位老师确实很有一套。他写了一个操作步骤，当面给我演示，他演示的时候，还让我录像，最后让我当着他的面操作了一下。操作完还让我把步骤说一遍。"

"你看，这哪是因为你聪明，是因为人家会教新人做事情。"

怎么教刚入职的新人才会事半功倍呢？

一、撰写文字说明书

说起财务报销，估计很多人都会特别崩溃，尤其是遇到一些报销流程比较烦琐的情况，耗时长，效率低，同事之间就容易起争端。

工作中，你是不是会遇到过这样的场景。

"我都说了几遍了，你怎么还不明白，还出错？"

"您上次说的是银行对账单在上，发票在下面，但是，这次您说的是银行对账单在下面，发票要在上面。"

"我这两次说的不一样？怎么可能，我都干了十年了，闭着眼睛都会做。"

如果你想要快速教会刚入职的新人做好这件事，就需要先把报销流程文字化，也就是写一个报销票据的工作指南，可以分几个步骤来表述。写好的流程，自己反复读几次，确认写的流程正确。

然后，你按照自己写的指南操作一遍，看看自己的文字说明是否清楚明白。

二、立规矩

很多人带新人会有一个烦恼，就是自己教授的东西新人总是记不住。因此，在一开始带新人的时候，说规则、立规矩就很重要。这样可以为培养新人良好的职场工作习惯打下基础。当你要教新人如何报销发票的时候，你可以这样说：

各位好，我是财务处的李丽，各位叫我李姐就可以。今天领导安排我教各位怎么报销单据。在教各位之前，我先说一下这一阶段我们如何一起工作以及工作对接时需要注意的五点事项。

第一，请在微信群里把自己的微信名字改成部门加名字。

第二，凡是群公告的内容，请务必及时查看。到我办公室来学习相关工作流程，请务必带本子或者笔记本电脑做好文字记录，不允许手机录音或者是用手机记录。

第三，请在规定的时间内提交相关票据，如果不能按时提交，至少提前三个小时向我主动申请，并请你所在部门的领导到我处说明原因。

第四，凡是不明白的问题，请在工作群以文字方式提问，不要发语音信息。

第五，提交 Word 文件，文件名标注要求是：标题＋部门＋人名＋日期。如果是一天之内同一个文件多次提交的话，那就是：标题＋部门＋人名＋日期＋第几版。

以上五点是跟我对接工作中需要注意的，如果需要跟我本人见面或者是跟我通电话，请先跟我预约时间。谢谢各位。

你看，带新人工作前先把一些要求说出来，也就是先立规矩，这之后带人做事就会很方便，也会让他们在职场少碰壁。

三、讲授、传授

你按照自己写的文字说明在新人面前把整个工作流程做一遍。这时候你要告诉新人，先看后问，像听老师上课讲授一样。先看后问的好处是，新人可以看到操作的全过程，如果新人有不懂的地方，接下来可以提问，直到新人全部明白。

教授新人主要有两种表达方法。其一是步骤演示表达法。

前面你已经把文字说明准备好，也反反复复确认文字表述没有问题了。见到新人的时候，你把规矩也说清楚了，接下来进入带新人干活的具体实操阶段，我们以报销单据为例，你可以这样说：

今天由我来跟各位介绍一下如何报销单据，现在你们手里拿到的是一份文字说明，这份文字说明介绍了报销单据的流程和步骤，我来给大家一一说明一下。在这里，先提一个要求，我们这次说明会预计开半个小时，前20分钟由我介绍，剩下的10分钟是答疑时间，在我讲授的时候，如果你有什么不明白的地方，先不要打断我，等到答疑时间再提问，谢谢。

首先我把如何粘贴票据说一下，我们拿办公用品来说明。比如，这个月你们部门买了5捆A4纸、3盒签字笔、5个墨盒，报销需要提供两张票据。第一张票据是从超市开的发票，上面写有我公司名称和税号的发票。如果对方只能开电子发票的话，你们要把发票打印出来，在打印的时候，把打印的模式调成发票模板，也就是A4纸的一半，这一点切记。

第二张票据就是由部门领导签署的费用报销单，我在这里做了一个样本，给你们每个人发一份，就按照这样的样本来写，信息不全、字迹潦草的，不能报销。这里特别提醒一下，数字要用大写，大写的用字和表述要准确规范，如果你不清楚大写怎么写、怎么表述的，可以到网上去查，有专门的大写数字翻译器。这两张单子，报销表放在上面，发票放在下面，把这两张单子用胶水粘好，我来给你们演示一下。为什么两张票据只粘左上角，主要是万一单子有问题，再撕开的时候，也不会把整张单子扯坏。

你看，新人手里拿着你写的文字说明，看到你详细的步骤演示，他们在报销票据的时候，犯错的概率就会大大降低。

其二是视频演示表达法。

上面这个例子适用于你面对面带新人的场景。如果条件不允许，没有办法面对面介绍怎么办？你可以考虑用手机拍摄视频来说明，这样也可以达到教人做事的目的。

我们学院几位热心的老师，把学院供老师们休息的"职工小家"布置了一下，学院鼓励老师们把家里闲置不用的一些电器拿来。杨老师把咖啡机贡献了出来，张老师把咖啡豆也拿来了。万事俱备，只欠东风。很多老师会喝咖啡，但是不会用咖啡机冲泡咖啡。负责管理职工小家的涂老师，想到了用录视频的方式来教授咖啡机的使用。他是这么说的：

下面给大家介绍一下咖啡机的使用流程。第一步，打开电源开关；第二步，打开咖啡机的开关；左边的按钮是调节咖啡的杯数，有2杯、4杯、6杯、8杯、10杯等；下面的按钮是调节浓度，分别是浓、中、淡这三种。有一点需要注意的是：杯数要与水位对应。如果想接2杯咖啡，结果按了4杯或者是6杯的按钮，那就给它冲淡了。另外咖啡豆没了，从这里加咖啡豆（涂老师掀开了上面一个装咖啡豆的盖子）；如果水没了，从这里加水（他掀开了水盖），这边是咱们准备的泡咖啡的纯净水。好，介绍完毕，祝大家喝咖啡愉快。

你是否注意到，一开始涂老师说了第一步、第二步，随着演示内容的增加，这步骤的表述就没有了？这是因为有视频、有画面、有具体操作演示，我们已经不在意步骤了，只要跟着他的演示走，我们就可以学会怎么用咖啡机了。

所以说，视频演示法在日常工作中非常好用。我上专业小课，会用到一些录制设备，有时候不会操作了，我就会打开微信的视频通话，一边给同事看，一边说明自己不懂的地方，这样做既方便又高效，大大地提升了工作效率，减少了内耗。

第四节

应对捧杀：抓住"七寸"巧反击

前一阵，我去一个地方电视台讲课，晚上和台里的领导、频道总监还有资深的主持人、记者一起吃饭，有一位负责接待的小伙子引起了我的注意。

当时，我正和一位频道总监李总聊我在下午的讲座中提到的一个案例，这个小伙子正好来餐厅给我送落在会场的电脑线，听到我和李总的对话，他立马开口说："宋老师，您不知道，我们这位李总年轻的时候做报道比您今天讲的那位央视记者还要好呢，声音就跟播音员一样洪亮，可有范儿了。当时好多女孩子追他呢。李总现在的老婆，那时候还是他的女朋友，可吃醋了，天天开车来接他下班。是不是，李总？"

话说完，那位李总笑得异常尴尬。

生活中，我们经常会猝不及防地遭遇笑面虎的捧杀。面对甜言蜜语，想必很多人明明知道对方不怀好意，也不好拉下脸来戳穿对方。如果一味地让对方过嘴瘾吹捧自己，显然对自己不利。面对这样的捧杀我们不能坐以待毙，接下来我用两个方法教你如何反击。

一、启动预警机制，构建社交底线

同事中午一起吃饭，朋友假日聚会，这是我们生活中常有的社交行为。很多人喜欢在这样比较轻松的聊天气氛中，说一些调侃的话，达到嘲讽和捉弄他人的目的。他们之所以选择在这些场合下手，就是抓住了人们的一个心理——"咱们这不是在闲聊嘛，你怎么这么认真呀！太不识趣，太经不起开玩笑了，对不对？"这些人只是在利用这样的轻松氛围做掩护罢了。

如何在这样的场合，避免自己被他人嘲讽、捉弄呢？首先需要你启动预警机制，构建社交底线。具体来说，你需要对同一个饭桌吃饭的这些人，特别是那些主动挑起对立性话题的人保持警惕。这样的人未必是杀气腾腾而来，也有可能是笑里藏刀。

前几天学生小王约我喝咖啡，说起他最近面对捧杀如何反击不怀好意的同事的经历。小王进入电视台没几年，由于业务出色，在部门一直很受重用。领导觉得这个小伙子不错，想重点培养他。可是，部门有一位同事，一直盯着部门副主任的位子，看领导这么喜欢小王，心中不免有些失落，就想做点小动作，让小王陷入不利境地。

前一阵子单位组织团建，聚餐的时候这位同事并没有在认真吃饭，而是在跟自己的搭档咬耳根。小王说，当他看到这位同事有一些不寻常的小动作时，就提高了警惕。因为之前部门开会的时候，她就指桑骂槐地说过小王。

生活中，我们不去招惹他人，但是也不要成为他人的靶子。

二、擒贼先擒王，笑压"起哄党"

果然，这位同事和搭档来了一出"二人转"，一唱一和，把聚餐的场合生生打造成了自己的舞台。

领导说："自从小王加入咱们团队之后，咱们团队现在可以承担大片的制作了，整个团队的绩效也跟着上来了，小王，希望你明年再接再厉，最好能多带几个人，这样咱们团队的力量就会越来越大了，来，大家干一杯！"

听领导这么一说，这位同事马上接话："小王，你看，领导多疼你呀！我们这么多人，领导就只拉着你坐在他身边，看得我们那叫一个羡慕嫉妒恨呀！"

同事的搭档也立刻跟上来说："张姐，你得向小王学习学习，这跟领导打交道的事儿，别看他年纪小，却是职场资深人士了。小王，你带带我吧！"

小王担心被两人的话语节奏带着走，接过话茬说："张姐，您这嘴真是咱们部门最厉害的，我坐在这儿是因为这个位置正冲着空调口，担心大家坐在这里不舒服，我就把舒服的地方留给大家，没想到我这一坐还让人误会了。张姐，我给您夹块酱牛肉，这牛肉可有营养了，您多吃菜！"

小王这么一说，这位同事知趣地不再说话了，而她那位搭档也自然不再跟着起哄。

别人在捧杀你的时候，还会带一些死党来活跃气氛，这时候你不要被他们的言行所迷惑，要针对那个挑头的人进行还击。在还击的时候，抓住对方的错误进行反击，用玩笑的口吻反驳对方的说法。案例中，小王说的那句"我坐在这儿是因为这个位置正冲着空调口，担心大家坐在这里不舒服，我就把舒服的地方留给大家"就有力反驳了同事说的"领导就只拉着你坐在他身边"这样的错误。

很多人可能会问，生活中，如何判断对方是否在捧杀自己呢？分清玩笑与嘲讽，尺度最关键。

"刚才就是跟你开个玩笑，我又没有恶意，你怎么还较真儿起来了？"

如何有逻辑地表达

生活中，这样的场景是不是你也遇到过？

平时聊天说话，喜欢开玩笑的同事、朋友，说话的尺度可能比较大，在你看来，这样的话似乎是无端挑衅，但也可能是你把对方想得太坏了。这里就有一个问题，如何去辨别对方是在开玩笑还是暗藏心机呢？

前几天，我们几个朋友聚会，这些朋友都是我的学生，彼此非常熟。女生小郑，35岁，想生二胎，她有一个儿子，特别想要一个女儿。大家正在有一搭无一搭地聊天，小郑的闺蜜小川来了，听到小郑打算生二胎，立马说："姐姐，你怎么跟老佩奇一样呀，生起来没完了，我们这一群老阿姨，好多还没有孩子呢，在你这儿干女儿、干儿子倒是都预备齐了。我怎么没发现，你是一个种子选手呢？"

这时跟小川一向关系很好的小李，也凑过来说："姐姐，您真不是一般的能干，这是打算一年生一个，你这土壤真是够肥沃的呀！"我想，小郑肯定会急得冲小川和小李嚷嚷。没想到，她慢悠悠地说："你们两个人，一唱一和的。我就问你们一句话，我要是生了女儿，你们做不做干妈？""做，必须做，马上做呀！"

回家之后，我跟小郑打电话说一个合作项目的后续，顺便提到了今天饭桌上这两人。小郑说："她俩什么样，我最清楚了，

她们两个人每句话看似是在损我，其实只是开玩笑。她们是嘴损
心善，哈哈。这一点，我还是区分得开的。"

　　其实，判断这类喜欢说损话的人的真实用心，有一个最简单
的办法，就是看这个人长久以来是一个什么样的人，如果这个人
以往就大大咧咧，今天也是这样，就比较合情合理。小郑之所以
不生气，就是因为她太了解小川和小李了。生活中，我们跟关系
比较亲近的朋友交往，话题尺度要大于关系一般的人，跟他们可
以随心所欲地聊天，不至于因为某一句话说过了或者说错了引起
对方的不满。

　　如果对方以往并不是一个爱开玩笑的人，今天的话语一反常
态，那就需要引起警惕了。另外，在这些场合中，要看对方说出
这些话之后，他在意的是谁？如果他在意的是你，他说的话通常
不会让你难堪或者感到为难。如果对方来者不善，他的目的是让
你难堪，那他一定更在意自己说的话有没有激起众人的反应，因
为他的目的是让众人看热闹。

第

四

章

Chapter Four

情感型表达：
情绪时代，在表达中需要利用情绪价值

第一节

v
v

正面评价：赞美要说到点上

今年暑假过后，我让小课组的学生提交暑假实习报告，学生小姜的实习总结引起了我的注意。他的整个总结思路清晰，干货很多。看完小姜的总结，我特别开心，于是给他发微信，大赞他总结做得好。

听到我的表扬，小姜连说："宋老师，真的吗？我真的写得这么好吗？我还担心您说我写得过于琐碎呢！这是您教我以后对我最高的表扬了。"结果这学期小姜同学表现一直很好，作业质量很高。

这是最典型的鼓励带来正面效果的例子，我对学生第一时间做出肯定，这个肯定让学生受到鼓舞，以致在接下来的学习中更加努力。职场上，如何通过鼓励建立更好的人际关系呢？想要赞美、夸奖、鼓励他人，怎么说才能让对方觉得不是被人拍马屁呢？

一、具体点赞表达法

"宋老师，您的课讲得真好。" 在我近 20 年的教学生涯中，我听到最多的是这样的正面评价与鼓励。每次得到这样的夸赞，我都会很开心。遗憾的是我记不住到底是谁跟我说了这样的话，因为这样的肯定与鼓励，是人云亦云。之所以拿我的亲身经历来跟你说，就是想告诉你，赞美或者鼓励他人，一定要赞美到点上，可以采用具体点赞表达法。那什么是具体点赞表达法呢？

我的一个学生在一家新闻机构实习，这个小伙子踏实肯干。在一次直播中，他的关键发挥使得直播在线人数达到了前所未有的程度。直播完后，总编辑拍着他的肩膀说："发起直播互动那一招太漂亮了。如果没有你，中间信号很差的时候，咱们就完了。多亏你发起互动，评论区一下子热闹了起来。干得真漂亮。"学生事后跟我说起这事，眼睛里闪着光，他也因为总编辑的这段夸奖在今后的工作中做得越来越好。

总编辑没有泛泛而谈地说"小伙子，干得不错，继续努力"，而是夸到了学生最在意的那个点上。如果不是总编辑对整场直播有所关注，是无法一清二楚地说出学生到底在哪个环节表现出色的。所以说，泛泛的鼓励，远不如具体指出哪一点做得好，更让对方受用。

所以，具体点赞表达法就是指：以具体的事实为依据，去夸赞对方。你赞美得越具体，对方就越会觉得你是发自内心的，不是说说客套话而已。

因此，想要鼓励和赞美一个人，最好不要说"你今天好美呀！""你刚才的发言说得真好呀"。而应该说："你今天一进门让我眼前一亮，这套衣服的颜色跟咱们会议室的背景太搭了，你的审美绝对在线呀！""穿对了衣服不说，你今天整个发言时间把控得也刚刚好，逻辑特别清楚，特别是那句'我们要选取最佳视角孵化产品'，绝了。"

二、及时评价表达法

"安娜，今天讲的比上周在济南讲的有太大进步了。"

"小霍，你把 PPT 改成这样，感觉就来了。"

"张呀，这身衣服可以，特别酷。"

说这些话的是我的一位好朋友，她是一位互联网公司的高管，情商高，人际沟通能力强，与她接触的这几年，我发现她与下属交流的一个特点就是：及时评价。优秀的下属是领导表扬出来的，这一点是我从她身上学到的。

说到与下属交流的方式，她说："作为领导，我需要考虑的是如何激发下属的自驱力。我摸索了很久，后来发现下属是非常希望被领导认可的，他们希望自己的工作被看见。而我的及时表扬就是对他们工作的反馈。他们会在周报里把我表扬他们的事儿写进去，可见这份肯定对他们的意义。"

那么，及时评价表达法的表达技巧是什么呢？

其实就是用短短的一句话来传达鼓励。但同样是短短的一句话，因为用词和重点不同，表达的效果也完全不同。来看下面这两句话：

第一句：安娜，今天表现得很不错，继续努力！

第二句：安娜，今天讲的比上周在济南讲的有太大进步了！

如果你是下属，你觉得哪句话更让你受激励呢？

因为表达的内容有限，而表达的频次又相对较高，因此，你需要避免出现比较类似的表达内容，比如你这次跟员工说"干得不错，继续努力"，下次又说"进步很大，继续加油"，长此以往，下属会觉得你是在敷衍他，这样就达不到赞美的目的了。

因此，想做好及时评价，有两个窍门：

（1）明确指出，这次比之前那一次好。

（2）明确指出，这次好在哪儿。

掌握了这两个窍门，当你频繁进行及时评价时，就不会让别人觉得你是在敷衍他了。

那么，这种方法适用在什么场景呢？从案例中你可能意识到，它适合交流沟通时间较短的场景下。对方刚刚完成工作的时候表达是最好的。

三、用事实代替形容词和副词

前面两种表达法是上司对下属的表达法。职场上，我们也需要肯定领导，领导讲完话，提完意见，向我们投来期许目光的时候，我们得张嘴说感想，而这个感想通常来说就是对领导的行为给予评价。考虑到社会身份、职场地位这些因素，做下属的怎么去肯定和评价领导呢？

"领导，您水平真高""领导，您刚才说得真好"，这种拍马屁的行为显然是要不得的。

有一次我参与了一个由地方媒体发起的活动，全国各地的同行齐聚一堂，在论坛上、餐桌上，大家畅所欲言，能有一个这样相互取长补短的机会特别难得。这家地方媒体的大管家是一个爱张罗的人，我们都叫他大董老师。这次活动能搞起来，他出了不少力。当他陪着领导来我们这桌敬酒的时候，大领导客套地说了些感谢的话。接下来大董老师的话，给我留下了深刻的印象。

"张总，这两位就是来自高校的教授，这是宋教授，那位是张教授。"介绍完我们这两位老师，大董老师当着大领导的面说道，"宋教授、张教授，我们张总也是中国传媒大学毕业的，这次听说特邀嘉宾中有自己母校的老师，张总特别关注，你们这次的差旅费用就是张总特批的。他说，支持母校的一线科研教学工作，那就从协助老师们来考察开始吧！如此注重高校与我们平台之间的沟通与协作，在我们集团历届领导中，张总是头一个。"大董老师说完，我和张教授立刻举杯感谢张总："我们中国传媒大学的校友永远都是这么想着学校，毕业之后也会想尽办法为学校做点什么，我们有机会来与这么多媒体学习，全靠您了，多谢。"张总听我们这么说，特别开心，随口说道："欢迎两位老师暑假带学生到我们这来实习呀！"

对领导的行为或者言语做出评价，最忌讳的是没有依据的直接表白。大董老师当着我们的面，用事实作为依据，对领导进行正面评价，远比用很多形容词和副词更加合其心意。作为领导，他不好意思直接跟我们说，为了能让我们参会，做了哪些努力。下属借此机会说出来，恰到好处地达到了塑造张总优秀校友身份的目的。

第二节

分享收获：会分享的人涨粉更快

"宋老师，你知道吗？前几天，我代表小课组在全班发言，之后，很多同学看我的眼神都不一样了，以前不太说话的同学都开始跟我打招呼了，我还收到几位同学的微信，大赞我业务做得好。"

说这话的是我的一个本科学生。之前她属于内向的孩子，在播音系这样一个人才辈出的专业里，她甚至还有点自卑。然而，这次分享让她自信大增。后来她进入电视台工作，一次周例会上，她把自己出差时跟着一位资深编导观察到的信息做了总结分享，没想到领导要求那位编导按照她说的思路编片子，甚至会后还让她教一教刚入职的同事如何做分享。我的这位学生就是凭借着分享在学校和职场上脱颖而出的。

参与分享会，内容如何设计？这是分享人首先需要考虑的问题。下面我们来说一说如何做好分享工作，如何说到观众的心坎里，如何输出干货，让分享为自己赋能加分。

一、通过提问串联起分享要点

分享会上，主讲人把自己探索出来的经验，主要是成功经验分享给到会者，帮助他们拓展、提升某一方面的能力。比如有经验的宝妈分享如何做宝宝辅食，减肥成功的人分享三个月内如何减掉 20 斤，资深 HR 分享如何进行线上面试，等等。

主讲人可以有效把控分享的节奏，因为他知道观众的困惑在哪里，瓶颈在哪里。困惑、瓶颈就是分享的要点，主讲人以提问的方式将这些分享出来，就能吸引观众的注意力。

小雷是一个健身达人，因为频繁出差、熬夜赶节目、做片子，一下子就胖了十几斤。为了恢复身材，他开始减脂。同事们聚在一起吃外卖，只有他拿出自己做的减脂餐来吃。同事们趁机向他取经，他花了 90 秒时间介绍自己的健身减肥经验。

第一，是不是只要运动，就可以随便吃了呢？

如果你抱着这样的心态来减肥，是不行的。减肥确实需要运动，但是减肥还需要控制碳水化合物的吸收量，如果你只运动，却不控制碳水化合物的吸收量，那就会越练越胖。

第二，不运动，只吃减肥餐，可以瘦下来吗？

答案是可以瘦下来，不过，这个吃也是要注意的，比如，可以吃糙米或者藜麦，但一顿饭最多2两。早上可以吃一个煮鸡蛋，一杯250毫升的牛奶。多吃蔬菜和水果，但不要用吃水果代替吃饭。

第三，是不是减下来之后，就可以随便吃了呢？

减肥不是一次性的，减下来之后，如果你不注意，继续胡吃海塞，那么你之前减下来的肉还会长回去。所以，减下来之后，虽然不用那么克制，但也不能恢复之前无所顾忌的吃饭习惯。

小雷话音刚落，同事们就鼓起掌来。这段分享瞬间为他赢得不少称赞。以往大家对如何减肥还存有很多错误认知，现在经他这么一说，大家都弄明白了。

我们来分析一下，小雷的分享为什么受欢迎。关键就是他的这三个提问。

第一，是不是只要运动，就可以随便吃了呢？

第二，不运动，只吃减肥餐，可以瘦下来吗？

第三，是不是减下来之后，就可以随便吃了呢？

这三个问题都是同事们心中的困惑，小雷以自问自答的形式分享出来，帮同事们解了惑，赢得了同事们的欢心。如果以陈述句来分享，效果就会大打折扣了。

二、通过故事提升观众体验

去年暑假，我为一家地方院校的老师做师资培训，从课程设计、作业布置到作业点评，我把自己从教近 20 年的经验跟三四十位老师做了分享。分享的时候，我注意到，每当我讲到一个具体案例时，坐在下面听课的老师会不住地点头，因为他们对案例中的情景感同身受。

分享最能打动人的就是大家相似的经历和感受，比如一起遭遇困难时的苦闷和解决问题后的喜悦等。

假设你需要跟同事分享如何组织一场演讲比赛，分享时长为 8 分钟，你会怎么讲？我的建议是：你可以选取两三个小故事，作为分享的主要内容，那样你的分享不仅干货满满，趣味性也会增强。比如，关于演讲比赛中如何与专家沟通，你可以这样分享。

刚才我从组织海选说到了复赛，进入复赛阶段，一项重要工作就是聘请专家做评委，这次活动之所以能取得成功，与我们聘请到的专家有很大关系。专业能力强、肯合作、有时间观念，这三点很重要。在这里跟大家分享一个小故事。我们这次演讲聘请了一位国内著名演讲类节目的导演、一位资深节目主持人，还有

如何有逻辑地表达

一位资深学院派老师。最后打分结束，组织方需要20分钟时间准备最后的颁奖环节。我们跟三位评委商量，希望他们可以利用这20分钟时间进行点评，一位评委说，他不想点评。这该怎么办？我一时慌了神。我用祈求的眼神看着另外两位评委，希望他们能够答应点评。结果那两位评委眼皮子都没抬，说一个人点评10分钟没问题。我本以为这两位专家的点评会为了凑时间而敷衍，你们猜结果怎么样，人家把参赛选手从故事选取、演讲结构到肢体语言都点评了一遍，而且非常有水准。后来很多选手跟我说，他们来参加比赛收获最大的是得到评委的点评。赛后领导也跟我说，这次评委找得好，说到了点子上，不是来撑时间的。我们平时做活动最不好控制的就是请嘉宾。我们希望他们为我们的活动多出力，但很多时候请来的嘉宾并不卖力。所以，活动结束后，我第一时间给这两位嘉宾发了长长的感谢信，感谢他们的真诚付出。

看完这个故事，你会发现，分享会不仅需要分享干货，还需要用故事与听众情绪共振，让听众感受到主讲人与他是心灵相通的。这样的共情心理也是我们在分享会中需要的。

三、通过互动创造分享氛围

想要分享做得好，现场互动少不了。分享有两种互动方式，一种是你来提问，让观众回答，这样做能够抓住观众的注意力；另一种是让观众提问，你来回答。

如果现场观众提问的意愿很强烈，那非常好；如果没有人提问，你可以自己主动选取听众提问，可以选在你分享的时候，跟你有眼神交流的人，也可以选整个分享过程中最专心听讲的那一位。

互动未必要让观众提问，也可以让观众讲一讲他个人的经历，这么做的目的一个是让观众可以发表个人观点，另外一个就是氛围更加强烈。第一个人发言之后，很有可能掀起发言热，使后面的人积极参与进来。

分享会想要观众有获得感，主讲人需要在分享的最后梳理出心得、经验，把这些内容放在最后一页 PPT 上。为了方便观众记忆，可以写一些顺口溜，方便记忆的同时，也增添了趣味性。

比如，上文关于演讲比赛分享会的总结可以这样写：

专家来源多元化，

专业点评通俗化，

高度配合很重要，

及时反馈要做到。

　　分享会赋予主讲人前所未有的关注。得到这样的关注，有些人可能会产生骄傲心理，进而表现出扬扬得意、自以为是的表达姿态。分享会一时间变成了炫耀会。所以，越是受到关注，越要谦虚和严谨，在讲话的语气上、与人互动时的姿态上，都要时时刻刻提醒自己，别把好机会浪费了。

第三节

情感表达：用情绪真诚打动他人

最近，我为一家单位做演讲的培训，有一位"85后"姑娘写了自己一家三代的故事。爷爷是新中国第一批大学生，带着奶奶离开北京奔赴西北，把一生献给了生活条件极其艰苦的大西北；爸爸为了修建工程，身体上留下了许多伤痕；她在研究生毕业之后，毅然选择跟随父辈们的足迹，继续投身祖国的建设。她的演讲稿文采很好，故事精彩，但是，从专业角度来说，表达比较平，缺少感染力。为了解决这个问题，我们带着她一句句去练习，让她设身处地地去想象在那样的场景下，人物应该怎么说话。后来在正式彩排的时候，她在这方面的表达有了明显的提升，整个演讲效果也好了很多。

如何提升自己的情感表达能力呢？我将从动员、致歉、告别三个不同场景出发，说一说如何运用情感为自己的表达助力。

如何有逻辑地表达

一、三种情感表达的场景

1. 动员——鼓动性、感染力

职场上、生活中，需要动员的场景很多，比如学生们即将开始为期两周的军训，下属们即将参与为期 3 天的团建，朋友们要来一场为期 15 天的自驾旅行……作为领导者、发起人，面对即将踏上征程的学生、同事和伙伴，你怎么为他们加把劲儿呢？这样的场景下，怎么表达才更符合你的身份呢？

（1）基调准确：鼓动性是这类场景表达的底色。这种场合有点像送战士上战场，气势要足，阵仗要有。这时候如果扭捏或者是放不开，反而是最大的不足。

（2）感染力强：比如大家都很熟悉的某带货主播，只要你点进他的直播间，就会被他打动。他身上的那种感染力，主要是通过他的语言体现出来的。"所有的女生"，这句话一下子就把我们给镇住了。

以团建为例，我来做一个示范。

各位，接下来的三天我们部门将进行第三次团建活动，在这三天里，我们不仅要总结过去一年团队所取得的成绩，还要迎接未来一年的挑战。这三天既要动脑子，还要练体魄，我们准备了最具挑战性的体能大练兵，大家有没有勇气大干一场呀？！太好了！
预祝大家把会开好，身体放松好，心情调整好！咱们出发吧！

这样的表达最需要的是放得开。如果你不好意思、顾虑多，
表达效果就会很差。

2. 致歉——真诚检讨、不做逃兵

小张所在的团队正在做一个项目，大领导对这个项目特别重
视，小张的上司想好好表现，却在最重要的环节上判断失误导致
项目前功尽弃。为了支持上司，小张和同事们没日没夜地加班，
结果项目夭折，大家心里都不舒服。上司把大伙叫到会议室是这
么说的：

各位，项目砸了，不好意思，让大家加了一周的班。这样的
结果，我也没有想到，毕竟谁也不能保证每个项目都有好结果。
项目突然被叫停，具体原因我也不是很清楚。好了，今天就不加
班了，大家早点散了吧。

小张听到上司的话，心里特别不是滋味，倒不是因为这个项
目搞砸了，而是他不能接受上司这样的态度，他觉得跟着这位上

司，什么项目都做不好。

职场上、生活中，遇到诸如项目推进不下去这样的难题时，作为带头人，需要出来跟团队说两句话，安慰一下团队，这样的场景怎么说才是最好的表达呢？在我看来，既然要自我检讨，就要真诚道歉，不做逃兵。

可以分这么几个步骤来表达：

（1）诚恳道歉。

（2）感谢大家的努力付出。可以列举一些大家在工作中努力的细节，表明你作为负责人，其实把大家的努力都看在眼里、记在心里，这样能最大限度照顾大家的情绪，让大家得到一些宽慰。

（3）鼓励、犒劳大家。收尾时，需要振奋大家的情绪，给大家一定的鼓励和犒劳。

还是上面的那个案例，作为项目带头人可以这么说："各位同事，先给大家道个歉，这个项目我没能带领大伙做成，让大家失望了。虽然一开始我们就做好了心理准备，可是当结果下来的时候，我心里还是很不舒服的。这一周，我看到大家每天加班到凌晨两三点，小张和小李还在办公室留宿，王姐的孩子生病她也没第一时间回去。看到大家的付出，我心里既感激又难过。我相信，咱们这么一个齐心协力的团队一定会在接下来的工作中拿下好项目的。今天晚上我请客，犒劳大家，项目不成，还要吃饭，有劲了才有力气接着干。"

3. 告别——吐露真心，期待再见

我的朋友斯蒂文从公司离职了，同事们很喜欢他，为他开了一个欢送会。为了欢送会上三分钟的告别演说，斯蒂文准备了一周。虽然要跟同事们说再见了，但考虑到未来可能在其他场合还会再见面，再合作，他为这次告别演说选择了乐观的情感基调。

斯蒂文说，在这个需要人脉的行业里，人情牌是一定要打的。感谢、感恩、感动是他整个演说的三个关键词，他更希望用真诚的话语传递一个信号，那就是，他不仅是同事，更是一个可以信任的朋友。

他的演说稿里有这么一段："各位，我们一定会江湖再见的。感谢公司给了我一份工作，在这里我从一个职场小白成长为可以独当一面的总监，感谢张总带我签了第一单，记得那天您喝多了，说我做得很好。感恩我的团队，大家那么信任我，跟着我熬过无数个夜，让我们这个团队成为公司的王牌团队长达半年之久，这个纪录至今无人打破。我一直在努力，从来没有松懈过，因为面对你们，我没有理由松懈。今天，这里好像是终点，但也是我们的起点，让我们江湖再见。"

斯蒂文说，那天晚上好几位同事给他发信息，说了很多掏心窝的话。在这样的告别演说中，还需要注意的是，你需要根据不同的情境，选择不同的演说基调。

二、情感表达的注意事项

在酝酿情绪进行表达的时候，也要注意这几个事项。

1. 忌讳表演过度

为了达到鼓舞人心的目的，有些人可能会表情夸张，声嘶力竭，用力过猛，这样的表达会让人觉得聒噪。

2. 忌讳痛不欲生

表达悲痛的时候，要学会控制住自己的情绪。如果只是为了发泄自己的情绪，这样的发言就失去了意义。

3. 忌讳冷漠收场

有些人不愿意表露自己的情绪，认为那样会让人觉得自己可怜，于是就出现了冷漠收场的情况。其实，适度传递自己的情绪也是人格魅力的一种。

第四节

情绪安抚：情商高的人，如何抚慰受伤的灵魂？

我的学生小胡研究生毕业后到一所地方高校做辅导员，一个人要对接几百个大学生，工作琐碎又繁重。忙的时候，他一个月只能休息两天。学院的领导对他期许很高，这也给了他不少压力。最近，他来北京出差，顺便到学校看望我，一见面我就看出来，他的状态不是很好。

"宋老师，我和我的领导明天要去拜访一位老专家，要选一件伴手礼，那位老专家血糖高，我觉得选茶叶挺好的，就带了一盒茶叶，可是领导偏说，这位老专家喜欢我们当地的一种甜点，应该买那种甜点带过来。能看出来，领导对我很不满，我在想，领导会不会因为这件事，就开始对我失望了呢？"

面对坐立不安的学生，我安慰道："我觉得你考虑得挺周到的，你选得没问题，如果送甜点过去，我觉得专家并不喜欢。如果你的领导因为这对你失望，那是他有问题。"

听我这么一说，小胡的眉头一下子舒展开了。他感激地说："宋老师，你这一句话，解决了大问题呀！"其实，我只是做了一件事情：站在小胡的角度，帮他化解负面情绪。

你是否意识到，当今社会，情绪越来越得到民众的重视，它不仅属于心理范畴，还涉及人际关系，更可以带来商业价值。我们发现，一个拥有情绪掌控能力、善于化解他人负面情绪的人，能够在职场和生活中游刃有余。

一、不问事情对与错，先将情绪发泄过

记得很多年前，我的一个女学生失恋了，一下子情感失落，学习也受到了影响。上小课的前一天晚上她跟我请假，说自己身体不舒服。我拨通了她的电话。电话的那边，学生的情绪非常低落，一边哭，一边说。

我说道："好美慕你呀。"

学生回答道："宋老师，我失恋了，有什么好美慕呢？哭还来不及呢。"

我接着说："年轻的时候，就是可以想怎么折腾就怎么折腾的呀，也不用看谁的脸色，或者担心谁会笑话自己。这时候你可以好好地爱护自己，年龄大的人，似乎就没有这样的勇气去折腾了！这难道不让人羡慕吗？"

"还真是这么回事。我这几天就是特别难受，至于说分手有没有我自己的原因，我一点也不想知道。"

"不用想那些，想哭就哭，别委屈自己。"

"宋老师，我以为您找我是因为我不去上课，还以为您会批评我呢。"

"小课的内容，我会给你补上。我给你打电话只是想跟你聊聊，通过这段感情，你怎么重新认识自己？"

那天我没有跟学生谈谁对谁错，只是陪她释放了一些情绪。两天后，学生给我发来了作业，说自己已经从那段感情中走出来了，请我放心。

当一个人处于相对极端的情绪状态时，如果你想让对方从激动的情绪状态立刻恢复到日常状态，显然是不现实的。平复情绪的前提是对方的情绪得到了释放和宣泄，如果对方正处于情绪高亢的阶段，压制对方的情绪并不利于彼此的沟通与交流。这时候你需要的表达策略是，不追究事情谁对谁错，只在意对方的情绪状态。等对方的情绪平复，再去聊其他问题。

二、感同身受说一说，不安消除心开阔

帮助对方消除不安的情绪，还可以利用感同身受的办法，这里要跟大家分享一个我亲身经历的事情。

有一次我跟一个节目组合作，一位摄像老师跟拍一位嘉宾，在机场过安检的时候，摄像老师与嘉宾分开走。上了飞机，嘉宾身上的小蜜蜂（话筒）不见了，摄像老师一下子丧了起来。看到摄像老师慌忙的神态，我说："小刘，说起丢东西，有一次我去外地讲课，在飞机上把讲课用的硬盘弄丢了，我一下慌了起来。我至今都无法忘记课件丢失那一刻我沮丧的心情，就像你现在一样。其实，丢了就丢了，还能坏到哪儿呢？"

到了目的地，正好有同事赶来，他在机场的失物招领处找到了小蜜蜂，并把东西带了过来。拿到小蜜蜂的小刘说，当他知道我也有过丢东西的沮丧心情时，他感觉一下子找到了小伙伴，心情也没那么糟糕了。

消除小刘的负面情绪，我采用的是感同身受的表达策略。首

先，讲述自己相似的经历，让对方知道他并不是唯一经历过这样
事情的人。其次，说出对方现在的感受，和对方共情。最后，把
自己从这种情绪中走出来的方法分享给对方。

第五节

委婉拒绝：拒绝的勇气和策略

"宋姐姐，你说她怎么每次求人都这么好意思张嘴呢？"说这话的是一位跟我合作多年的编导小徐。这位编导是我们大家公认的老好人，谁有事需要人帮忙，第一个想到的就是她。这么多年下来，她成了大家眼里经常跑腿、办事的人。前几天，我们在一起开会，会上主编说，一会儿各组把脚本打印出来交给她。会议刚散，有位姓赵的编导眼皮子都没抬地说道："小徐，你去打印机那儿把我刚刚打印的第三集脚本给头儿送过去。"小徐正忙得不可开交，看了看那位正玩手机的赵编导，起身走向打印机。

中午，我们一起吃饭，小徐在我身边坐下，说出了开头那句话。听完小徐的话，我说道："这件事表面来看，是她不对。但是，说到根上，是你不对。"

"宋老师，我做了好人，现在抱怨两句，我怎么还不对了呢？"

"因为你不会拒绝，你不会说不呀！"

这样的对话场景，是不是经常出现在你的生活和工作中？与其谴责那些人为什么好意思张嘴，不如反思自己为何学不会拒绝。如何拒绝他人，又不撕破脸呢？

一、提条件，让对方知道"没有免费的午餐"

小徐跟我聊过之后才意识到，发生这样的事主要是她自己的原因。现在她想开了，可是怎么委婉地回绝对方，她又犯了难。我给她出了一个招，没想到效果出奇地好。

有一次，小徐下楼拿外卖的时候，那位赵姓编导又开始使唤小徐了："小徐，我的麻辣烫也到了，帮我一块儿拿了吧。"小徐说："赵姐，帮你拿麻辣烫没问题，你得请我喝杯奶茶，我喜欢百香果雪梨的，楼下那家特别好喝，我下楼拿外卖，买两杯咱们喝，你请客呀！"小徐刚说完，赵姐站在那儿都傻了，半天没回过神来，只好顺势说道："那好吧。"最后，那位赵姐请小徐喝了奶茶，但是自那以后，她就不再随便使唤小徐了。

同事、朋友之间帮忙做点事情，原本不需要斤斤计较，但是，不计较的前提是对方知道你不是义务帮忙的。如果对方反复让你帮忙，并且把你的帮忙当成理所应当的话，你就要学会拒绝了。案例中的小徐采用的是先答应对方的要求，答应之后，再提出条件。需要注意的是，这个条件需要考虑在合情合理范围内，如果让对方感觉到"狮子大开口"，你委婉拒绝的打算就要落空了。

二、亮明底线，同时给对方提供建议

前几天我接到一位师妹的电话，她听说我要担任某所高校举办的主持人大赛的评委，希望我可以照顾一下她领导的孩子。这样的事情，我自然不能答应，但如果我直接回绝的话，师妹也无法向领导交代。我思考了一下，这样跟师妹说道："师妹一定是没有办法拒绝领导，才硬着头皮找我帮忙的吧。比赛是一件讲求公平的事情，这是基本原则。来参加比赛的学生，都是做了精心准备的，所以我不能做照顾某个人而破坏公平的事情。我知道，这位领导是师妹的直属领导，如果不帮忙，她一定会埋怨你，这样就会影响到你在领导那里的印象了。考虑到师妹的处境，我觉得你可以这么回复领导。"

我是这么让师妹跟领导说的："领导，我师姐在这方面挺严苛的，我想您女儿那么优秀，说是让她照顾下，其实也是向她推荐人才，结果您猜怎么着？师姐把我说了一顿，说这样做破坏比赛的公平性，孩子如果知道自己不是凭实力拿的名次，而是妈妈托人找了评委，孩子肯定会埋怨妈妈自作主张。我想，师姐的话很有道理，吓得我都没敢跟她提孩子的名字。不过，师姐答应，比赛结束后，可以让您女儿去找她，她会跟您女儿认真说说专业问题，看看怎么提高业务能力。"

这种情况的表达策略是：

（1）说明客观情况以及自己的底线。"比赛是一件讲求公平的事情，这是基本原则。来参加比赛的学生，都是做了精心准备的，所以我不能做照顾某个人而破坏公平的事情。"我先亮明自己的底线与原则，让对方知道我对这件事的态度。

（2）回绝的同时让对方意识到，你的拒绝对他有好处，你并不是要刻意孤立他，而是要帮他解决问题。

（3）回绝后要提供建议。"师姐答应，比赛结束后，可以让您女儿去找她，她会跟您女儿认真说说专业问题，看看怎么提高业务能力。"拒绝对方的同时提供建议，能让对方感到温暖。

三、以玩笑的口吻回绝，不伤对方面子

我有一个学生是热心肠的小伙子，每次上完小课，他总是拿自己的U盘帮同学们复制课堂练习的视频，久而久之，很多人把他的帮助当成了理所当然。有一次他忘了带U盘，一位同学竟然不客气地说："你不知道上课需要用U盘吗？你怎么能不带呢！"

后来，这个学生再也没有带过 U 盘。等到毕业的时候，他给我发信息说："宋老师，谢谢你提醒我，不能让自己善意的帮助被认为是理所应当。"

之所以说这个事情，就是因为生活中有很多像我这位学生的人，喜欢帮忙，但是却惯出他人使唤自己的坏习惯。

学生小马毕业之后，和室友小姜一起合租生活。室友小姜跟男友是异地恋，国庆假期，小姜的男友要来北京看她，小姜打算让男友跟自己一起住。小马自然是不同意的，但一想到自己以后还要和小姜一起住，撕破脸皮肯定不合适。于是，小马这么说："姜姜，我还以为你跟男友出去住呢！如果他要住这里，我肯定要表示欢迎，你看我叫几个好朋友来家里吃火锅，咱们一起热闹热闹怎么样？我的那些朋友比如雅美、思思，还有大家闺秀小倩，个个都单身呢，你男友长这么帅，你看看他那边有没有合适的男青年，给我这三个闺蜜介绍介绍。"

小马这么嘻嘻哈哈一说，小姜的脸色顿时变了，立刻说道："马姐姐，忘了跟你说了，我和男友要去他舅舅家住，他舅舅家在北五环那边，房子又大，还有一辆车借给我们开，所以，我们没打算在这里住。"

其实，小马的本意是不想让小姜留男友在出租屋住，如果直接提出反对意见，小姜一定会说："这房子我也花钱了，我的男友来住几天有什么不可以。"考虑到小姜可能会反驳她的想法，小马就用女孩子最忌讳的事儿作为突破口来解决这个问题。表面上是开玩笑，实际上，小马是用这个方法让小姜知难而退。

谁都有弱点，想委婉回绝对方，以对方的弱点为切口，采用玩笑的口吻回应是最好的表达策略。这里需要注意的是，说话不能太严肃，如果你非常正式地说，那就不是委婉回绝了，可能会直接跟对方吵起来。

在委婉拒绝他人时，需要注意，首先，坚定立场，关照自己。不好意思说"不"的人，通常是一个把他人感受放在第一位的人，这种想法会在某种程度上伤害到自己，因为对方可能算准了你不会回绝，从而变本加厉。所以，只要你的立场坚定，回绝他人是可以做到的。其次，要注意委婉的尺度，从习惯性答应到坚定拒绝，这个过程中最难的可能是拒绝的尺度。在这里需要提醒你的是，宁可尺度大一些，也不要半途而废。

第六节

幽默表达：没有人不喜欢幽默的人

中国人不太善于表达幽默，总觉得会给人不稳重的印象。但是，随着社会的发展，人们对于幽默的认知发生了改变。一个有幽默感的人往往给人留下深刻印象，其个人形象也会提升很多。但是，成为会幽默表达的人，对于很多人来说是件难事。事实上，想成为具有一定幽默表达能力的人，是有方法可循的。

一、通过模仿制造笑料

如果你想做一个有幽默细胞的人，可以先从模仿开始。那么模仿什么比较好呢？可以从那些引起大家共鸣的内容开始。

从小到大，给我们留下深刻印象的就是教过我们的老师。相信很多人都有模仿自己老师的经历，从老师走路时的动作、讲课时的口头禅到批评学生时的语气等。这些模仿最容易引起大家的共鸣。

"我高中的班主任是政治老师，眼睛特别大，好像小时候看的日本动漫里的美少女，眼睛占脸的一半。她最喜欢在我们班后门的窗户那儿看谁上课说话，这人总是悄悄地进来，跟猫似的，没一点动静。教我们那三年，她竟然从来没有穿过高跟鞋，你说服不服？一进来，拿半张脸大的眼睛盯着我们，看谁说话了，就拿眼睛翻人家，感觉我们站在她眼皮上得摔倒。"

班主任猫在门外看到底是谁在说话的场景，是不是太熟悉了？只要简单地描述，一个个栩栩如生的班主任形象就能把大家逗乐了。

另外，我们还可以模仿短视频平台内容，现在大家都喜欢刷抖音、快手、B站，里面有很多有趣又搞笑的视频。平日大家午间休息的时候、公司团建的时候，我们可以试着表达一下我们的幽默。

二、自嘲与自黑，幽默表达的万能方法

拿别人开玩笑，尺度不好把握，最好的幽默方式其实是自嘲与自黑。自嘲与自黑的好处是安全系数最高，而且敢于自嘲与自黑的人通常是内心强大的人。这样看来，自嘲既能表达幽默，又

能塑造个人形象，可谓一举两得。

我是一个特别严苛的人，对学生的要求也高，可以想象如果我跟学生直接提一些业务要求，学生一定会有抵触感。因此，第一次跟学生见面的时候，我通常会这么说："大家好，我是播音学院口语系的老师宋晓阳，学生们一般叫我老虎老师，如果有的同学认为我出身东北，要求严格，不高兴就会挠谁一爪子，那你就猜错了。因为我是 1974 年出生，属相是老虎呀！说到要求严格，这倒是一个事实，为什么会要求这么严格呢？因为我是 A 型血，变态的处女座，知道我是什么人了吧！"

每次这样自我介绍后，学生一定在下面笑声一片，在他们看来，大学女老师都是温文尔雅的，很少有像我这样自报家丑的。这种自黑式的自我介绍，一方面介绍了自己，另一方面幽默地把我在业务上的态度介绍得很清楚，让学生意识到，跟着我学习需要打起十二分的精神，因为我的要求很高。事实证明，这种自黑式的自我介绍，在幽默中传递了信息，也给学生留下了深刻印象。

我自黑利用的是东北人、属相以及血型等个人信息。其实，我们还可以利用自己的身高、长相以及个人经历来自嘲和自黑，前提条件是你要能放开自己。

我的一个朋友跟我一样，都有过出国留学的经历，20 年前留学，需要一边学习一边打工，有时候也要做一些体力活。有一次，朋友单位竞聘，她在最后做总结陈词的时候说道："虽然我是独生子女，但是3年的留学经历锻炼了我的体力和意志，曾经我也是在一小时之内搬过十箱啤酒的南方姑娘，如果我有幸可以竞聘成功，我会把自己当年搬十箱啤酒的劲头都用上，我相信，无论是在精神上还是体力上，我都有足够的力量去克服困难。"

朋友说，她最后能竞聘成功，源于一小时搬十箱啤酒的留学打工经历给大家留下了深刻的印象。谁也想不到，平时衣着妆容精致靓丽的她会这样自嘲，打心里佩服她。所以说，在严肃表达中，加入些许幽默元素绝对可以起到锦上添花的作用。

最近几年，随着脱口秀节目的火爆，你会注意到很多脱口秀演员的段子同样采用的是自黑自嘲的方式。深受大家喜爱的徐志胜就擅长这种方式。

他在节目中这样介绍自己："节目播出之后，大家讨论都会用到一个词'长相优势'（台下笑声一片）。对于我这个长相，有一位网友给我发私信说：'志胜呀！我特别羡慕你的天赋，却害怕长成你的模样（台下笑声一片）。'我发现这个长相优势，也太容易失去了。前一段时间节目播出之后，我去拍了一组艺术照（台下笑声一片），我就发现，我这个气质，确实给人家的工作造成了很多困难（台下笑声一片）。"

看到志胜在节目中这么自黑，我们都会开心地哈哈大笑。看来无论是在这样的综艺演出还是日常工作与生活中，冒犯自己都是最安全的表达。

三、有趣的共同经历是幽默表达的源泉

老同学聚会、发小结婚或者参加公益性质的读书会，在这样的场合，一个会幽默表达的人，会让现场的氛围更好。如果你觉得拿他人开玩笑不容易把握尺度，担心在场的人不能接受，那么你可以说一些跟在场的人相关的趣事，活跃现场气氛。假如你的发小结婚，你作为亲友团被叫上台说一下新郎的那些糗事，你会怎么说呢？你可以这么说：

"大家好，我是小董，是新郎的发小。现场除了阿姨叔叔（新郎的爸爸妈妈），我是认识他时间最长的那个人。今天新郎结婚，作为发小，我由衷地开心，终于把他送到了嫂子身边。嫂子，以后我们哥们儿聚会喝酒，我只找你，你说可以，我们再聚。那年我爸生病住院，发小二话不说，跟我一起跑前跑后。忙活完了，我俩坐在医院椅子上，我看着他的脚说：'你的鞋跟我刚买的那双一样，你的多少钱？'发小累得仰着脖子说：'你那鞋那么难看，我才不会买呢！'后来我才发现，我们俩不知道什么时候把鞋穿错了。那时候我们就说，鞋可以穿错，朋友不能交错。哥们儿，

新婚快乐，你这个朋友我这辈子交定了！"

在小董的发言中，我们可以看出，新郎与他一起为他住院的父亲忙前忙后这件事是两个人人生中特别重要的一次经历，在小董需要帮助的时候，作为发小的新郎义无反顾，这个瞬间让彼此印象深刻。幽默地讲述两个人的共同经历，不仅活跃了气氛，也让双方的情意进一步加深。所以，在生活中的很多场合，我们都可以选择用幽默的方式将这种轻松又情感深厚的故事，娓娓道来。

幽默表达需要注意两点，一是玩笑切忌开过头。有些玩笑是不适合在生人面前或者某些场合来说的。比如以前住一个宿舍的同学，平时开玩笑的尺度可能会比较大，但在毕业多年的聚会上，就需要考虑哪些话适合说，哪些话不合时宜。二是切忌拿他人隐私当笑料。朋友、同事之间长期相处不免知道一些人的隐私，如果不顾及对方的感受，把这些隐私拿出来当成幽默表达的素材，显然不太合适。

第

五

章

Chapter Five

演说型表达：
关键时刻，讲出你的实力

第一节

正确用声：如何不费力地在公众面前大声讲话？

前一阵我给一个单位做演讲培训，一位叫小陈的学员，是一个陕西姑娘。从稿子撰写，到PPT制作，小陈一直做得都非常好。可是，到了上台试讲时，问题出现了。尽管小陈的稿子写得非常棒，可在能坐下200多人的会场里，她的声音显得太小了，坐在最后一排的人根本听不到。很快，台下的观众转移了注意力，低头看手机的人渐渐多了起来。

同时参加试讲的还有学员小张，相比小陈，她的稿子有点失色，但小张是个东北姑娘，打小就是个大嗓门。上台试讲时，小张先是大声地向现场观众问好，做自我介绍，然后自信从容地开始了她的演讲。声音洪亮、中气十足，坐在后排的观众听得清清楚楚。两人试讲完，培训现场的大伙都觉得，小张讲得要比小陈好。

听到这儿，相信你也发现了，大声清晰的吐字，能为我们的表达提亮增色。小陈的稿子虽然不错，可是由于她说话声音太小，演讲效果并不好。而小张的演讲稿件内容虽不太出彩，可她通过洪亮、清晰的话语，把自己热情、积极的一面展现给了大家，和其他选手相比，她既不温暾，也不聒噪，台上表现与众不同，给在场试听的观众留下了深刻的印象。

有人可能会说，有理不在声高，大声说话真的有那么重要吗？其实，公共场合讲话，声音适当放大是需要的，如果声音太小，听众听不清、听不见，你的话语就没有办法发挥作用。声音时大时小，也会造成观众对你所说信息的误解，甚至直接影响你的个人形象，即便我们说的话再深刻，再有道理也于事无补。职场中的我们，经常会有在公众面前讲话的机会，学会大声讲话，才能更好地增加自己的影响力，赢得更多机会。

一、突破障碍，大胆发声

演讲培训结束后，我找到了小陈，问她为什么上台后不大声讲话。小陈告诉我，她平常说话的声音就是这样，觉得大声说话会冒犯到他人，所以，没有大声讲话的意识。而且上台之后，她还追求那种娓娓道来、自然从容的表达状态，没有考虑到听众的感受。

像小陈这样的心理，相信很多人也有，而怕冒犯、惊扰他人是最常见的心理。这里我们一定要分清楚,"大声讲话"和"喧哗"是两回事。区分这两者最简单的办法就是看周围人的注意力在哪。在公共场合,周围人的注意力并不在你的身上,这个时候如果大声讲话,会吸引别人的注意,打扰到别人,这种行为,我们叫"喧哗"。而当众演讲,大家的注意力已经全部集中在了你的身上,所有人都在等待接收你的信息,这个时候,你就需要把声音调到最大。

二、掌握技巧,正确用声

除了不敢大声说话这一心理障碍外,还有一些人不会大声说话。有些人觉得"让我大声说话,那我喊出来不就行了",不是这样的,先要明确一点,大声说话并不等于大喊。大喊,是通过挤压、摩擦我们的声带来提高音量,这样发出的声音,既不持久,也不好听。5分钟的讲话,喊了不到2分钟,嗓子就疲劳了,长此以往会给我们的声带造成不可恢复的损伤。

正确的发声方式,是用我们的气息把声音推出去。我们要做的第一点,就是双脚站定,挺直腰背,让我们讲话时能够更平稳、更顺畅地呼吸。

在做好肢体准备后,我们要做的第二点就是确定音量。在公众面前讲话，我们总会不由自主地只顾及最近的人，这是人在讲话时的下意识行为。而我们要做的，就是主动去调整自己，想象一下如果呼唤最后一排的听众，要用多大的音量。音量明确了，我们才好自如地控制气息。

第三点就是要打开我们的口腔。有人会问："只要说话，不都是要打开口腔吗？"是的，但这里说的是要让后槽牙开合。怎么去感知后槽牙开合？这里教大家一个小方法，用手去摸我们的耳朵下方靠近咬肌的骨头，也就是俗话说的"挂钩"，看看说话的时候，能不能感受到明显的开合。我们总听人说"这人说话不爱张嘴，听不清字"，其实就是后槽牙没有打开。这样说话的人，给人的感觉就是咬着牙说话。只有打开口腔，才能方便我们去提高音量。

第四点，也是最重要的一点，就是气息。如果说声带是汽车的发动机，那气息就是油箱里的汽油。车跑得有多快，有多远，全看汽油多少；我们讲话的声音有多大，吸一口气能讲多久，看的就是气息。

那么，是不是只要我猛吸一口气，我的音量就能提高呢？答案是可以的，但是想要维持音量，这还远远不够。因为讲话需要完成吸气和送气两个动作，猛吸一口气，只是完成了吸气动作。这时候，所有的气全都堆积在我们的胸口，这就会导致我们在讲话时，没有办法均匀地送气，将全部气息都用在第一句话上，到最后越说声音越小，变得高开低走。

正确的呼吸方式是，口鼻同时缓缓地吸气，接着腹部发力，通过我们腹部的肌肉，去控制说话时的送气量。腹部发力时，我们可以尝试去感受一下，去摸摸肚脐下方三指的位置，这个位置就是我们常说的"丹田"，如果这里是绷紧的状态，就说明你已经开始掌握用腹部控制气息的方法了。

三、反复训练，熟练发声

刚刚我们讲了如何破除心理障碍，以及提高音量、掌握用声的技巧。可能有人第一次接触，会觉得很复杂，跟着学了一下发现自己好像不会说话了。这是正常的现象，因为刚才的这些技巧，其实是在改变我们以往的错误习惯，一开始不熟悉、不会用都是正常的。下面就为大家介绍几个训练方法，我们逐步去适应：

1. 发长音"yi"（衣）

在条件允许的情况下，我们可以在远处找一个参照物，比如一棵树、一堵墙，如果在家训练，可以对着远处的花瓶、电视等，然后像我们刚才说的那样，双脚站定，然后缓缓吸气，再均匀送气，注意不要动肩膀，接着发长音，读衣服的"衣"。

尽量要让自己的声音能够传播到选择的参照物，看看一口气能维持多久。在熟练了之后，我们可以再尝试，让自己的音量变大变小。反复进行这个训练直到我们能自如地在一口气中控制音量的大小。长音训练，练习的是我们腹部对气息的控制力度，控制得越稳健，声音就越持久。

2. 呼唤阿毛

下面这个训练叫"呼唤阿毛"，很像山歌当中的对歌。想象你站在山的这头，阿毛在山的另一头，你要呼唤阿毛，让他听见你的声音。声音要尽可能长，尽可能大，试试自己的声音能发多远。因为"阿毛"这两个字都是嘴巴大开合度的读音，因此我们通过这项训练，既练习气息，也练习口腔的开合度。

3. 气泡音

不同于刚才两种训练，气泡音的训练是我们在大音量讲话后，对于嗓子的保护和恢复性的训练，类似于健身后的拉伸。气泡音，指的就是一连串小颗粒的气泡冒出一样的声音，通过振动我们的声带发出，起到按摩声带的作用。

下面来说一下气泡音的发音要点，首先我们要保持身体的放松，然后平稳吸气，注意不要只用鼻子吸气，而是口鼻同时吸气，吸气的时候一定是没有声音的。吸气后，再发"啊"这个音。这里要注意的是，不要通过喉咙发力去挤压声带，挤出声音，而是通过腹部发力，微微送气，用气流去振动声带发出气泡音。

如果大家刚开始学习，掌握不到要领也不要着急。可以尝试先正常发"啊"这个音，然后缓缓地降低音量，放慢发出声音的动作。用气泡音来按摩声带，能保护嗓子，让我们能更科学健康地发声。

大声讲话的三个"不要"。

第一个"不要"是"不要用尽全力"。刚接触发声的朋友，最容易犯的错误就是全身用力，觉得只有力量大，才能把声音喊出来。这种行为，很容易造成我们的声音突然间放大，不仅会吓到听讲的人，也会对我们的嗓子产生很大的损伤。就好比跑步的时候还没热身，就百米冲刺一样。

第二个"不要"是"不要快速呼吸"。大声讲话是一种用气量大的发声方式，要点是深吸气、缓送气。如果快速地呼吸，会导致我们的吸气太浅，送气不均匀，从而影响到讲话质量。也就是常说的"喘不过气来"。

第三个"不要"是"不要语速过快"。学大声讲话，其实很像我们看到的打太极，整个过程一定是伸展的、舒缓的，有些人学习的时候，由于不熟练，很容易出现顾前不顾后的情况，音量提高了，语速却控制不住了，于是就会越说越急，越说越快。听众听起来就会觉得聒噪。因此，在公众面前大声说话，平稳的表达节奏也很重要。

第二节

工作汇报：这样汇报让老板更器重你

一、表达前的准备——内容搜集、标题确定、结构选择

在做工作汇报之前，我们需要先考虑一下工作汇报需要的时间。通常来说，文字稿件控制在 3500 字，时间控制在 15 分钟比较合理。也可以根据自己的语速做相应的调整。

内容方面，可以把自己每个月的月报拿出来，看看自己参与了哪些项目，有哪些重要的数据、图片、视频和值得分享的故事，然后列一下工作总结的提纲。在搜集资料的阶段，我们可以多罗列一些内容，但是最终选进稿件里的，一定是最具有代表性的，也就是重点。

有人会说，如果只说重点，会让领导或同事以为自己只干了这些活，而忽略了自己做的其他工作。这里指的当然不是只说重

点，对于非主要工作，也可以留出较少时间简单交代一下。

另外，还需要考虑给自己的工作总结起一个题目。很多人一说到工作总结的题目，想到的通常是"××年工作总结"，下面写上自己的名字。试想每个人都这样，你的总结怎么会让人记得住呢？所以，给你一年的工作拟定一个新颖的题目，就能脱颖而出。

整个工作总结选取什么表达结构呢？你可以按照第一、第二、第三这样的结构表达。在这里需要提醒你的是，把你觉得最需要分享的、最重要的工作内容放在最前面。

二、表达方法——互动式开头、共情式表达、新观点输出

想要做出一份与众不同、让人耳目一新的工作总结，除了上面那些前期准备之外，你还可以采取以下这三点表达方式：互动式开头、共情式表达、新观点输出。

一个好的开头，是成功的一半。当前面几位同事说得大家昏昏欲睡时，轮到你发言了，你该如何挽救这样的"车祸现场"呢？互动式开头肯定是首选，这样可以把大家的注意力都聚集到你这里来。通过内容吸引人，远没有直接互动效果好。比如，你可以

这么说："欢迎各位来到策划组张叨叨的直播间，哈哈，想问在座一个问题：你吃过乾隆白菜吗？这道菜的材料是白菜心，还是白菜帮？是用纯芝麻酱调还是二八酱调呀？它到底是不是一道凉菜呀？不管是凉菜还是热菜，接下来请大家听听我今年都有几道硬菜吧！"

最近一家地方电台的两位主播在节目中杠了起来，带火了"乾隆白菜"这个菜名。当你用这个梗作为互动式开头时，就可以将同事的注意力吸引到你身上，引发大家对你接下来要讲的内容的兴趣。

想要自己的工作总结与众不同，最重要的是触动听众的情绪。"我们是一个战壕里的""我的苦恼就是你的苦恼""这件事我也经历过"这些话可以打动同事，让他们感同身受。怎样才能达达到这样的效果呢？讲故事。

还以上文策划组张叨叨的年终总结为例。

"今年的双十一，是最艰难的双十一。大促从 10 月 20 日开始，我们的前期准备是在国庆假期之后。记得 10 月 19 日晚上，已经连续熬夜一周的我在茶水间接咖啡，结果站着睡着了。你们知道吗？我从来没有睡得这么香过，我还梦见回家吃我妈做的酸菜馅蒸饺，正要蘸着蒜汁咬一口的时候，海伦把我叫醒了，饺子没吃上。"

这段小故事可以迅速打动大家，双十一大促是怎么折磨人的大家都清楚，人在最累的时候就是希望被照顾，回家吃上妈妈做的饭对于在外打拼的人来说是最幸福的事。所以，选取一个可以触动听众情绪的小故事也是工作总结中可以考虑的内容。

如果工作总结的听众中还有自己的领导，如何让领导对自己的工作总结满意呢？对于领导来说，下属与自己的目标保持一致是最重要的。想要让领导感到满意你就需要多讲一些观点句。

领导平时反复强调的表述、公司重要会议中提到的新说法抑或是你对目前自己工作的思考都可以放进来。

这样既能使工作总结显得内容充实，也能让领导看到你独立性的一面。

三、工作总结的注意事项

1. 切忌流水账式的汇报

如果你将自己的工作从 ×× 年的 1 月到 12 月，一天不落地讲出来，听众就抓不到重点，那就等于什么都没说。表达永远只说重点，不重要的内容一笔带过就好了。

2. 切忌自吹自擂

工作总结是职场人士的自我总结，在陈述自己做的工作时，要本着实事求是的基本原则。有的人，为了显示自己的与众不同，会夸大其词，结果，不仅没有锦上添花，反而让自己陷入不利的境地。

3. 姿态上忌讳扭扭捏捏

由于日常生活中，在公众面前说话的机会不多，一下子要面对自己的同事，很多人会出现紧张情绪，这都很正常。在这里需要提醒你的是，不能一直处于扭捏姿态中。"不好意思，我就是有点紧张""怎么办，我越说越慌"，可能在你看来，这么说可以得到大家的谅解，事实反而不是这样。你会给领导留下上不了台面的印象。所以，总结前多做功课，总结时从容大方，才能做好工作总结。

4. 切忌马虎应付

还有一些职场人士对于年终总结抱着满不在乎的态度，觉得是在同事面前讲话，就不注意自己的形象，衣服皱皱巴巴、头发乱糟糟、PPT 做得粗糙、说起话来态度很松垮。如果抱着这样的姿态去讲，将会使你个人的形象大打折扣。

第三节

代表团队发言：会发言让你在团队中脱颖而出

　　能代表团队做发言，一定是领导对你个人的专业实力、表达能力的高度认可。想要把这个工作做好，需要注意以下几点。

　　临近年末，很多单位都会举办各种形式的年会或者组织相关人员参与一些行业论坛。我的一位学生小马在互联网公司工作，他所在的团队承担的一个项目最近取得阶段性的突破。小马是播音专业出身，个人形象上得了台面，作为团队核心成员，领导决定由他代表团队进行一次发言。经过精心的准备，小马的表现特别棒。发言结束后，领导高兴地说："我们的活干了7分，你的发言又增色3分，最后是十全十美呀！不错不错。"

　　说到准备这些发言，学生感慨良多，他跟我分享了自己的工作方法。

　　首先，向团队成员收集信息，需要具备一定的社交技巧。

　　无论你在团队中处于什么岗位，想要代表团队去发言，你就要获得整个团队的支持。所以，你需要跟团队成员细致沟通。如果是代表团队做一个项目的发言，你得找到团队中负责该项目的同事了解情况，为了防止信息的丢失，在对方允许的情况下可以录音。如果需要对团队这一年的工作做一个总结，那就需要与团队负责人对接，把这一年中团队完成的工作梳理一下，看看哪些内容需要放到发言中去。与团队中每一位同事对接、沟通，考验着你职场上的社交能力。有些人可能认可你，觉得由你代表发言最合适，但也有些人可能心里不服气，跟你对接的时候说话阴阳怪气，所聊内容还需要你自己进一步核验。

小马说，在跟同事对接的时候，他学到了很多。同事配合与否，其实全看个人的社交能力了。如果跟同事约的是一上班就沟通，他通常会给对方带一杯喜欢喝的咖啡；如果约的是下班后谈，他会选一个餐馆，如果同事老家是江浙一带，他就选公司附近的一家小南国边吃边聊。如果同事家里有小朋友，他会给同事的孩子买个甜点表示感谢。总之，一圈走下来，以往交流不多的同事，还走近了许多。他知道，这次发言效果好，得益于大家的帮忙，所以当天晚上他给每一位帮助他的同事发了感谢信。

小马说，跟同事对接完之后，有一项工作很重要，就是把自己了解的信息和内容跟对方确认一下。确认的目的，是避免信息传递错误。如果你发完言，团队里有人说你讲得不对，说你理解错了，说你讲的内容并非他本意，你之前所有的努力都会付之东流。

其次，突出重点，专业内容需专人把关。

另外，总结与发言一定要说重点，如果你是团队的负责人，你对业务很熟悉，这样的发言对于你来说，难度相对较小。谁干的活，谁就知道工作重点、难点在哪里。如果项目的核心环节，你参与度不高，那么，核心环节如何阐述，就需要有人帮你把关了。一些专业术语如何表述才准确，发言内容的前后逻辑等，这些都需要把关人来确认。一旦表述错了，你的专业性就会受到质疑，间接影响到团队的形象。

最后，拔高立意，用工作成果为团队定性。

既然代表团队发言，就要加入一些评判团队整体情况的表述，比如对团队组织、团队建设、团队人才梯队培养等方面的评价。你可以说，"这是一支在关键时刻，随时可以冲上去的团队"，"我们团队可以承担省级重点项目"。这样的表述是你作为代表发言的关键所在。代表团队发言和自己发言最大的差距就是，前者要站在团队的格局和高度上考虑发言内容。

既然代表团队发言，你就是在众人之中被挑选出来的那个人，肩负着团队的希望，所以你需要做好最基本的彩排和试讲工作。

人们可以原谅你由于紧张造成的状态不佳，但是不能原谅你由于前期准备不足而出现忘词、卡壳以及 PPT 播放不畅等演讲事故。所以做好团队发言还要反复练习，保持最佳状态。

第四节

肢体语言：别让肢体动作出卖你

很多学员会说，宋老师，表达不是嘴巴的事吗，肢体也能说话吗？无论是职场上代表团队做发言，还是聚会上跟朋友聊天，我们除了用说话来传递我们的情感和真实想法外，还需要用到肢体语言。想要了解什么是肢体语言，就需要了解自己习惯性的肢体动作。

通常来说，肢体语言是指人的面部表情、身体姿势、肢体动作和体位变化。演员何冰有一次在跟观众分享演技的时候说到，假如这场戏需要演员把自己身处寒冬室外的"冷"演出来，就不能只用嘴嚷嚷"好冷呀！"这时候还需要演员用动作表演"冷"，比如搓手、跺脚等。观众虽然身体上感受不到冷，但演员做的这些动作却能传递寒冷的信息，让观众感同身受。所以说，人的肢体也会说话，这就是肢体语言。

日常生活中，每个人都有习惯性的动作，可能我们在不自知的情况下，做了一些不合时宜的动作，给对方发出了跟自己的本意完全不同的信号。比如一个人平时有抖腿的习惯，他不自觉的抖腿在对手的眼里就变成了挑衅。如果你问他，为什么在发言的时候抖腿，他可能会说："我抖腿了吗？我都没有意识到。"

俗话说，站有站相，坐有坐相，指的就是我们每个人都要管理和使用好自己的肢体语言。就拿我们播音专业的人来说，最基本的要求是不能驼背，要保持挺拔的站姿。因为在录制节目的时候，摄影机会全程拍摄，主持人坐姿不好，从镜头上看就好像是趴在桌子上，看上去没有一点精神头。所以，即便是坐着主持节目，主持人也只能坐在椅子的前三分之一处，同时腰部要挺起来，不能哈腰。站着的时候要注意展肩，不能抱肩膀、斜视他人，那些看上去不礼貌的身姿都需要避免出现。日常生活中的我们，也需要了解肢体语言，知晓自己习惯性的肢体动作，尽量让肢体语言为自己的形象和表达加分。

最近我的一位研究生学生去各个电视台参加了主持人大赛，在很多赛事中都进入了决赛。回来后他找我做汇报，给我播放了三四条视频。这些视频大多都是他一个人站在舞台上做展示。你一定很好奇，我是怎么把学生训练成为站在舞台上落落大方的主持人的呢？通常来说，有三个方面的肢体语言需要我们尤其关注，分别是手势、眼神、身姿和步伐。接下来，宋老师重点介绍一下这三方面的肢体动作怎么做最合适。

一、手势：把握幅度和频率

日常生活中，我们说话的时候都会不自然地用到手势。有些时候手势是辅助表现情绪的，比如你早上出门被一个骑自行车的人撞了一下，你会不自觉地抬起手臂，这表示你在释放自己的烦闷情绪。有些时候手势代表着信息，比如你走进组长办公室，他正在打电话，他会用手指一指电话，竖起食指，意思是他再打一分钟就完事了。而我们在公开讲话的时候，手势的辅助性作用，更多的是体现在情绪上。随着情绪的起伏波动，我们的手势会自然地展示出来。一个人说到兴奋的时候，如果还是呆呆地站在台上，就显得太奇怪了。

主讲人站在众人面前讲话，如果手势幅度小，比如只是抬起手微微示意了一下，观众是感受不到的，因为舞台与观众的距离较远，动作小，观众看不到。所以，我们不能把日常生活中的肢体表达方式放到公开表达里。公开表达的场景下，手势也好，动作也罢，要做到位，这里的做到位就是幅度要够，开合度要大。当然，也不能太夸张。一个人站在台上说着说着，突然间就做出比较大的手势和动作，会给人以突兀之感。

此外，还要考虑到动作的频率。生活中你是否注意到有些人在你面前说话的时候手势特别多，好像他不是用嘴跟你交流，而是用手跟你说话，这也是要不得的。怎么做才合适呢？彩排的时候，我们可以录像，回来复盘的时候，就可以看一下自己的肢体语言。日常生活中，最好的办法就是对着镜子练习，想象自己站在台上，将训练的重点放在肢体动作上。在这里提醒一下，你可以不断尝试怎么做手势，但是不要一边讲一边想手需要放在什么位置。如果事前有过设计手势的想法，等到展示的时候，动作一定是僵化的，看上去就像个木偶一样了。

二、眼神：眼睛要有自信和笃定的感觉

很多人一听说眼睛要有自信和笃定的感觉，下意识的反应是"瞪眼睛"。其实并非如此。那么，自信的眼神到底应该是什么样的呢？想象一下，辩论赛上辩手回击对方的眼神，体育场上运动员冲向目标时的眼神。那些有气势和阵仗的稿件文本更能把主讲人的情绪带出来，让他更加自信。当然这些训练也需要借助镜子完成，主讲人在镜子中要不断地观察和调整自己。

三、身姿和步伐：与形象相匹配

小米 CEO 雷军每年都要做一次公开演说。你是否注意过，他是如何上台的呢？是稳健地一步步走上去，还是小跑着上去？其实，这些都是需要事前考虑和设计的。

人们会通过雷军这些动作，对其个人和他的小米企业予以判断。所以，一位 CEO 在公共场合的身姿和步伐跟企业的命运是息息相关的。你是不是没想到，在一个公开演讲中主讲人的上台姿势也会有这么多的讲究吧。作为一家企业的领导，他个人的形象与企业的形象需要保持一致。现在企业的社会形象打造与传播更多地依赖于企业的领导，所以企业领导在公开场合讲话时一定会注意这些细节。

当你在公众面前讲话的时候，你想给观众留下什么印象，你的身姿和步伐就需要配合。如果你想给观众留下稳健的印象，那么你上台的时候就需要步伐坚定。如果你想给人留下富有活力的印象，那么你上台的时候就需要采取小跑姿态。

自从乔布斯在苹果新产品发布会上来回踱步演讲之后，国内很多企业家都在效仿。显然公众形象的打造也是有潮流的，来回踱步，可以让人倍感轻松，有其可取之处。但是，在呈现的过程中也有需要注意的地方，比如什么时候走，什么时候停，在台上往哪个方向走等。当展现 PPT 的时候，你需要站在那里，不能妨碍公众的视线，还要考虑现场直播镜头的位置。当我们把这些因素都考虑进去的时候，才会意识到台上的走与停需要通盘设计。

第五节

视觉元素：好的 PPT 能为表达锦上添花

前几天，我去给一家企业内部举办的演讲比赛做评委，有一位参赛选手的 PPT 引起了我的注意。长达 8 分钟的演讲，台上的大屏幕一直播放着视频，主讲人站在舞台中央演讲，可是观众的注意力都被大屏幕的视频吸引过去了。还有一位选手，演讲全程都用了配乐，现场没有调音台，整个演讲过程中，这位选手为了让自己的声音盖过音乐，一直在大声说。

演讲中的 PPT 用好了，是锦上添花，用不好就是雪上加霜了。在 PPT 演讲中，随着主讲人的讲话，大屏幕上会不断播放 PPT，那些具有冲击力的视频、图片会映入我们的眼帘。大到新产品的发布、公司战略，小到工作汇报、年终总结，在公开讲话的场景下，这些视觉元素已经成为整个表达过程中不可或缺的一部分。主讲人与 PPT 之间是何种关系？作为语言表达的辅助性元素，PPT 该怎么设计规划呢？接下来，我们具体来讲一讲。

一、图片清晰、文字要少

图片是 PPT 的主力军，在 PPT 演讲中，你需要使用很多图片来辅助讲解。那么，该如何选取图片呢？一般来说，我们要选取那些像素高、信息全的图片。因为很多图片虽然在电脑上呈现效果不错，但一放到大屏幕上就会有点模糊不清，这主要是因为图片像素低。此外，主讲人需要通过图片传递信息，让观众知道这张图片与主讲人此时此刻所讲的内容之间的联系，因此主讲人所使用的图片要具有很强的"证实"功能。当然，PPT 中的图片还有背景装饰的作用，这时候也要保证图片的清晰度。

文字信息需要考虑的是字体、字号及其布局。你可以根据自己的喜好以及讲述内容的风格选择字体，根据屏幕的大小选择字号。制作好 PPT 之后，要在彩排时观看演示效果，再做进一步修改。

有些主讲人会错误地认为，观众在听自己讲话的时候，会自行读取 PPT 上的信息，这种想法显然是不切合实际的。在公开演讲中，PPT 上的文字主要是提炼观点，起辅助性作用，所以，满屏文字是 PPT 设计和使用中最忌讳的。看着一大屏文字，观众会有极强的压迫感，连听下去的动力都没有了。因此，PPT 的一个很重要的功能是辅助主讲人，但是不能成为主讲人的提词器。

二、视频信息点到即可，音乐不能全程铺垫

现在很多人会在PPT中加入视频，视频怎么用？用在哪里？这里面的说法很多。如果是企业高管做公司战略或者新品发布这样的商务演讲，一般在上场前会播放具有热场性质的短视频。主讲人说到公司发展这一路走来的艰辛时，可以播放纪录性质的短视频。如果是新产品发布，主讲人在介绍新产品时也会播放具有说明性质的短视频。使用视频介绍的一个好处是，可以让观众有更加直观的理解和感受。

很多人在使用视频时也会出现一些问题。我最近参与指导了一场某系统的全国青年演讲比赛，由于疫情的原因，选手们以"云选拔"的方式参赛，很多选手选在演播室演讲。演播室的灯光、大屏幕等设备都很好，有的人觉得这么大的屏幕如果只是播放静态的PPT，就显得有点大材小用了，于是，他们选取了一些动态视频作为演讲的背景。这时，观众的注意力就很容易被主讲人身后的视频画面所吸引，而忽略了主讲人所讲的内容。

演讲的中心是主讲人，如果使用视频，特别是全程以视频为背景，就会喧宾夺主。任何时候都要记住，观众看的是人，听的是主讲人的分享与观点，而不是大屏幕上的视频。

除了不能全程播放动态视频外，也不能全程播放音乐。很多主讲人为了营造氛围，人没上台，音乐先起，好像这不是演讲，而是一场朗诵。演讲人在抒发情感、烘托气氛的段落可以使用音乐，但不能全程使用。

还需要注意的是音乐的音量，不能盖过主讲人的音量。我之前做演讲比赛的评委，有一位演讲者的钢琴伴奏声音过大，导致我很难听清他说话的内容，因而给我留下了非常不好的印象。

三、如何将 PPT 与自己的表达结合起来？

好的演讲，PPT 的作用是烘托气氛，营造氛围，从视觉上将观众带入主讲人的话题中。因此在演讲时，主讲人只需要偶尔提到 PPT 即可，不必一边讲一边说"我们来看下一页 PPT"。

有些主讲人站在会场前面，手里拿着翻页器，一边讲一边翻 PPT，说得最多的是"我们来看下一页的 PPT"。如何避免这种呆板的表达呢？下面我举一个案例来说明一下。

比如你要用 3 页 PPT 介绍公司最新推出的一款迷你小煎锅，你可以这样说：

"各位好，我为大家介绍公司最近为单身人士量身打造的'一人食'系列厨具之我的小煎锅（展示第一页 PPT，图片是新品小煎锅，牛油果色，左边是图片，右边是技术指标）。跟你家里那些 26 寸大煎锅相比，这款小煎锅的大小恰好适合一个人。来看一下具体指标吧。小煎锅只有 16 寸，牛油果色、黄色和红色三种颜色任你选。电磁炉、煤气炉都可以使用。

"这样一款娇小可爱的小煎锅都能做什么美食呢？（展示第二页 PPT，各式美食的图片）早上起来喜欢吃煎溏心蛋的小姐姐，你可以不用放一滴油。心爱的小馄饨来一个无油版，只需要加两小勺水，静候五分钟就可以吃了。如果想吃一个蔬菜饼，更是方便至极。

"这样的美食做好了，你都不需要盛到盘子里，把这个小煎锅直接端上桌跟你的白色桌垫相当搭。拍一张早餐图片，发到朋友圈，美好的一天从'一人食'开始了。（展示第三页 PPT，美食与不同家具、餐具产品进行搭配的图片）。我们推出的'一人食'厨具投放市场以后，受到年轻人的热烈追捧，颜值高、使用方便是最大卖点。"

主讲人用三张 PPT 介绍了这款新产品的相关内容，从小煎锅的基本信息说起，自然过渡到如何利用产品制作美食，最后讲到用厨具做餐盘。相信在座的观众都会被主讲人的精心设计所吸引。这就完全将 PPT 与自己的表达结合起来了。为了帮助观众快速准确地找到主讲人希望观众关注的信息点，可以用语言进行提示。

比如"你现在看到的这张海报中，中间这位穿红色大衣的女士就是我们此次重点打造的流量明星"，这样也能吸引观众的注意力。

第六节

重视彩排：提前排雷，做到万无一失

很多人将90%的注意力都放在了最终的公开讲话上，对于试讲和彩排的重视极为不够。最近我为一位互联网企业的女高管做演讲辅导。这位女高管演讲的能力不错，所以，对于此次的辅导并没有那么上心。结果，我们在正式演讲前一天的彩排中发现了很多问题，让她倒吸了一口凉气。彩排就是实战，只有抱着实战的心态才能发现问题，改正问题，在正式演讲的那一天把最佳状态呈现出来。

怎么做彩排呢？接下来我介绍一下彩排的步骤以及注意事项。

一、个人形象的准备

彩排的时候，最好做到全要素演练。什么是全要素演练呢？就是除了时间不一样外，其他都跟正式演讲时一模一样，包括主讲人的服装、发型甚至妆容。如果是线上演讲，还要考虑衣服颜色是否与背景相同。一些重要场合的演讲，主讲人至少要准备两三套衣服。主讲人的衬衫是否合身，裤子长短是否合适，西装是否合体，领带的颜色是否搭配得当，主讲人的衣着与会场环境是否相符等，都需要在彩排时确定。

二、会场走位流程来一遍

彩排的时候，有些人会认为，只要知道演讲当天自己怎么做就可以。事实上，仅仅记住怎么做是不行的，你还需要亲自做一遍。比如，工作人员让你从舞台的左侧上台，讲完之后从右边下去。对方告诉你之后，你需要自己走一遍，目的是发现问题。知晓这些细节能够保证你在演讲的时候，做到自然顺畅，不闹笑话。

很多重要讲话还会有现场直播，考虑到机位的问题，主办方还会要求主讲人站在指定位置，工作人员会在舞台的地板上做一个标记，你讲话的时候最好站在那个标记上。如果没有直播，你也需要考虑自己站在哪里。主讲人所在的位置还需要考虑到PPT的播放，如果PPT播放的是背景，主讲人站在舞台中央就可以，但如果PPT播放的内容很重要，主讲人则要考虑自己站的位置会不会影响到下面的观众看PPT。

三、话筒 PPT 等技术环节须保障

彩排时需要试音。试音的时候，主讲人需要注意的问题是：你正式讲话的时候准备用多大音量，试音的时候就用多大的声音说话。你在试音的时候说话声音小，正式演讲的时候声音才放大，那样是要不得的。试音的时候，主讲人的嘴巴与话筒之间的距离要合适，太近的话，容易出现喷话筒的情况，观众的听感不好。距离太远的话，收声效果不好，观众就会听不到。

对于不同的话筒，主讲人需要注意的问题不一样。如果是手持话筒的话，主讲人在讲话的时候需要注意自己的嘴巴要时刻对准话筒。没有经验的主讲人，容易出现的问题是人转过身说话，话筒没有跟过去，收声效果不好，导致声音忽大忽小的。

有些演讲是在演播室进行，需要使用小蜜蜂话筒。这时候就要考虑小蜜蜂的发射装置要有地方可以放置。还有一种话筒是舞台上会有一个小讲台，讲台上会有一个鹅颈麦，主讲人在彩排时需要考虑自己的身高与话筒的高度适宜。

关于 PPT 的播放也要说一下。一些重要场合，PPT 是由工作人员来播放而不是主讲人自己，所以，在上台讲话前，要跟播放人员做好沟通工作。通常的做法是给工作人员一份文稿，主讲人

将自己要翻页的地方做好标注，提醒工作人员在自己讲完某段话后进行翻页。

如果 PPT 里有视频内容，大家通常会做超链接。你需要在拷贝文字内容到会议方的电脑时把视频资料同步拷贝过去，否则播放 PPT 时就会出现播放不出视频的问题。

四、试讲与复盘

准备工作结束之后，接下来就是试讲环节了。为了发现问题，整个试讲环节最好用手机进行录像，这样方便主讲人结束试讲之后，可以通过观看录像的方式去发现问题和改正问题。

在复盘时，我们可以边看边记，这样复盘会比较全面。等你全部复盘之后，再进行一个全面的总结，将问题分门别类地归纳。

1. 看内容是否讲清楚了

PPT 每一页内容与主讲人的讲解是否对应、主讲人讲的内容是否过于艰涩，是否有遗漏的地方，这些都是需要主讲人考虑的。最近我在辅导一位互联网公司的老板，主要关注的就是对方的演讲稿是否易于理解，是否过于专业。可以有一些新概念、新表述、新提法，但是在具体解释这些新概念、新表述、新提法的时候，就要用通俗易懂的话去解释说明。

2. 看语速语调是否合适

上了舞台之后，很多人一紧张就会出现语速过快的问题，这会让观众跟不上你的节奏，导致观众放弃听讲。继而给主讲人造成很大的负担，讲话时心里节奏就会加快，越说越快，最终无法控制。

此外，还要注意语气和语态，简单来说，语气和语态就是说话的基调。说高兴的事情，你的基调是喜悦的；说悲伤的事情，你的基调应该是凝重的。比如演讲中的故事或案例，很重要的一点是生动、有趣，话语的基调就是活泼的，如果稿件中的故事很精彩，可是主讲人语气平淡无味，演讲效果一定是不好的。

表达彩蛋：
一位优秀的主持人是这样学习表达的

很多人比较好奇，一位优秀的主持人是怎样学习表达的？他的大学四年是如何学习播音专业知识的？他又是怎么去自我提升的呢？他们的学习经历，能为我们提供哪些帮助呢？在这篇文章中，我将一一为大家解答。

一、坚持练声

俗话说得好，"工欲善其事，必先利其器"。声音是表达的利器，播音专业的学生最常做的一件事就是晨起练声，也叫"出早功"。清晨刚刚睡醒，我们的声带刚好处于松弛舒服的状态，再加上这个时候人的意识最为清醒，所以非常适合练声。练声不但能改善音色，让声音听上去明亮好听，同时也可以锻炼我们的识稿能力，保证以后上台读稿、念词不出错。还有一点，练声就和晨起锻炼一样，每天早上跑几圈，体能就会增加；而每天坚持练声，我们嗓子的耐力也会提高，以后再遇到长篇稿子，就不会犯怵。

那么，怎么练声才最有效？怎么练声对于我们非专业的人来讲更合适？下面我们一块来看看。

1. 气泡音

我在前面提到过气泡音的训练。无论是对于播音专业的还是普通人，气泡音都是一个保护嗓子的好方法，它既能帮我们完成声音热身，也能帮我们缓解嗓子疲劳。我们再来回顾一下它的发声方法：首先要保持身体的放松，然后口鼻同时平稳地吸气，气吸八分满后，再发"啊"这个音。这里要注意的是，不要通过挤压声带发出声音，而是通过腹部发力，微微送气，用气流去振动声带发出气泡音。另外要说的一点就是，气泡音不光可以在早晨练，只要觉得嗓子疲劳不舒服，都可以试着发一发气泡音，按摩我们的声带。

2. 练习元音"a"

下面要说的就是练发音，练我们说话当中最常用到的音，那就是元音"a"，这是播音专业学生的必练项目，对于非专业的朋友来说，发好元音 a 也很重要。如果你仔细观察自己读过的稿子，你就能发现，元音 a 的存在感，就像是我们炒菜放的油一样，

如何有逻辑地表达

几乎每一句话中都会有它。

　　发 a 的音，关键要掌握发音的位置，有的朋友容易用口腔后部发音，也就变成了我们听到的美声"噢"，这就属于发音位置过于靠后的情况。正确的方法是这样的。首先，嘴巴张开，但是不要张开太大，一旦发现下巴有绷紧的感觉，那就属于张开得太大了。其次，要注意颧肌的提起。颧肌就是脸上颧骨那一部分的肌肉，又叫苹果肌。我们可以尝试做一两次微笑的动作，去感受颧肌的提起。我们觉得有的人说话不爱张嘴，感觉脸是拉下来的，就是因为说话人的颧肌没有提起。最后，要注意口腔后槽牙的打开，感觉就像是咬一口苹果一样，只有后槽牙打开，口型才能完整。一般情况下，说话口齿不清，很大程度跟后槽牙不开合有关系。最后要提醒的是口鼻同时进气，然后用我们的小腹控制力度，将气息慢慢地推出，发"啊"，切记，不能太靠前变成"哀"，也不要太靠后变成"噢"。

　　元音 a 练好后，不光发音问题能解决，同时还能够解决很多表达上的问题，比如需要抒发感情的时候，试着把颧肌提起来，话语中的情感就会饱满一些。再比如在大场合公开讲话前，练一练发音，可以打开了嗓子，让自己不至于上台讲话声音小。

3. 数枣

刚刚咱们说完了声音，接下来，再说说怎么练气息。如果你在公开表达的时候，时常会觉得稿子长，念到一半会很累。那么下面这个方法，一定要坚持做，那就是"数枣"。"出东门，过大桥，大桥底下一树枣。拿着杆子去打枣，青的多，红的少。一个枣两个枣三个枣四个枣五个枣六个枣七个枣八个枣九个枣十个枣九个枣八个枣七个枣六个枣五个枣四个枣三个枣两个枣一个枣。"这是播音专业的同学出早功的必练绕口令。注意，数枣的片段一定要一口气说完。如果刚开始觉得有难度，可以先从一数到十，然后换口气，再从十数到一，渐渐地，做到一口气完成。

数枣有两个好处，一是扩大我们的肺活量，二是锻炼我们长气息状态下的平稳表达。有的朋友也许能一口气数完，但是数到最后声音都是硬挤出来的。这样的说话状态不要代入到正常的念稿中，发现气息不够还是要及时地停顿，换气后再进行讲话，千万不要追求极限。

4. 读书

练完了声音和气息，接下来就可以进入表达训练了。早起后，你可以选择一本自己喜欢读的书，或者工作汇报直接开口读。记住，一定要张口，不要默读，那样就起不到训练作用了。除了读书念稿外，你还可以留意日常生活中接触到的文字，可以是领导在工作群发出的文字通知，也可以是下班回家，看到的路边商铺的名称，将这些文字大声读出来。这是为了锻炼我们的识读能力。如果你读稿子经常读错，说话磕磕绊绊，那就一定要坚持训练对文字的熟悉。参加工作的我们虽然经常和文字打交道，但使用的往往是我们的眼睛和耳朵，很少上嘴去说，久而久之，就造成表达上对文字的不适应，说白了就是眼睛看到了，可嘴巴却没跟上。时常开口读文字，相信你一定能实现流利的表达。

二、坚持练耳朵

刚刚跟大伙分享的是怎么练嘴，现在我们再来讲讲怎么练耳朵。你可能会问，表达就是跟嘴挂钩的，跟听力有什么关系？其实不然，想要练就完美表达，练好耳朵也很重要。因为只有多听、多感受不同的表达方式，才有助于丰富我们的表达。

播音系的学生学习表达时，经常要欣赏不同的声音作品，从中获取经验。这一阶段的学习，我们也叫作"艺术感受力的培养"。

1. 听广播

最最简单的，就是没事多听听广播，尤其是谈话类节目，比如北京交通广播的《一路畅通》。常听广播节目，渐渐地你就会发现，广播节目里的主持人说话非常接地气，但是接地气却不俗气。而且广播节目里的表达，要比我们日常说话更积极，因为广播只能听不能看，听众是看不到主播的神态表情的，因此主播透过电波传递给听众的情感也是会衰减的。如果主播表达不够积极，不够热情，那么通过广播传递给听众的声音就会是平淡的，甚至是冷漠的。所以，常听广播，会在潜移默化之中，提高我们表达的积极性。这样，无论是工作汇报、年会总结，还是和同事、客户交流，我们一开口，就能有温度。

2. 听小说

刚刚讲的是通过听广播来提升我们的日常表达，下面这个方法可以用来培养我们表达的丰富性，那就是听小说、听广播剧。有声小说、广播剧作为时下非常流行的声音产品，为我们提供了熟悉的分析情感表达的通道。那么我们听小说、听广播剧，到底要听什么？

一听主播是怎么用声音去描绘小说里的场面的？小说当中有

很多环境描写，只有通过声音把环境生动地描绘出来，才能让听众有身临其境的感觉。这种对文字的声音处理，不但可以用在有声书演播上，在公开演讲描述环境细节的时候，也会用到。

二听主播是怎样用声音演绎小说中的角色的？小说中的人物，男女老少，正邪两派，形形色色。一个优秀的声音主播，会用自己的表达能力塑造出千人千面的效果。那么，我们就可以从他们演播的作品中汲取经验。这样当我们演讲中出现人物对话的片段时，就有了心理依据。为什么有的朋友总会觉得，自己演讲起来不够生动，有一部分原因就在于你对于演讲当中的角色形象区分度不够。

三听主播是怎样用声音表达人物情感的？抒情表达对于很多同学来说，往往是最难的，因为抒情意味着内心的波动、声音的变化。但除非专门研究表达的人，普通人很少会在生活当中抒情的时候突然停下来总结自己是怎么说话的。说得再通俗点，就是在你发火大吼之后，几乎不会回过头来记录自己当时是用了多大的气息，多高的音调，什么样的发声状态才发出的怒吼声。这个时候，听小说就为我们提供了情绪表达的参考依据。我们没有办法重现自己情感流露那一刻的表达状态，但是我们可以听小说人物抒发情感时的状态。听听主播怎么用语气、节奏、气息、音调等方式演绎的，这些方式都可以成为日后我们表达的方法。

三、摆正心态

学习表达，摆正心态很重要。在做表达准备时，任何的炫技心态都是不可取的。

当我们发现问题时，也要学会调整心态。表达风格的调整并不像我们做数学题一样，发现做错了，就擦掉改正那么直接。一个人的表达风格，和他的性格、审美、个人追求等都有关联，因此调整的过程一定是循序渐进，潜移默化的。在学习时，切莫焦虑，急于求成。

相信很多朋友都有过这样的想法，当发现自己暴露的表达问题一时之间难以解决的时候，就会觉得"我就是这样的人"，以此为由放弃改变。这里我一定要告诉大家，"我本该如此"这样的话，往往会成为我们提升表达的最大障碍。当内心产生这样的想法时，就意味着我们放弃去改变，用消极的心态去面对自己的不足。但事实上，表达是可以改变的，它会随着时间的推移、阅历的增长等一系列因素产生变化。因此，只要我们坚持钻研，常带着问题去思考，就一定能够突破自己的表达困境。

四、大量的练习与复盘

有一位学生毕业后整理自己口语课的复盘文件，他告诉我这几年他写了十万字的复盘作业。播音是一门口耳之学，嘴巴和耳朵都需要大量的学习和练习，除此之外，还要针对自己的作业写复盘。只有这样循环往复，你的口语表达能力才能逐步提高。留心身边那些说话表达能力强的人，留意视频平台中那些表达能力强的博主的作品，勇于尝试，积极准备，试讲彩排做到位，语言表达能力才能有所提升。

后 记

年仅 18 岁的谷爱凌夺得她人生中第一块奥运会金牌后，面对记者们的提问，她侃侃而谈。我想，你一定被她逻辑清晰、应对自如的表达能力所折服。无论是名人还是我们这样的普通人，社交时代，一个人会表达，在竞争激烈的社会中就多了一份生存下去的能力。

与之前的《完美沟通》侧重于职场沟通表达不同的是，这次出版的《如何有逻辑地表达》增加了生活场景下的表达、对抗与辩论，相信这些内容可以帮助你提升自己日常生活中的社交形象。

这本书是我在樊登读书 APP 音频课程"表达能力全方位提升实战课"的文字版，2021 年我与樊登读书 APP 深度合作，前后推出两门课程。2021 年 6 月，樊登 APP 上线推出了 8 节视频课程"赢在职场——宋晓阳沟通课"，该课程得到了原央视新闻主播郎永淳、原央视新闻主播李小萌的大力支持，在此深表谢意。同时推荐大家关注他们在抖音上的个人账号"郎永淳""主持人李小萌"。

2021 年 9 月，30 节音频课程"表达能力全方位提升实战课"

上线，该课程一经推出很快成为站内最受欢迎的表达课，销售火爆，最终成为站内最受欢迎的表达课程 Top3。

感谢樊登读书舒从嘉，没有你，我们的课程不会如此顺利地上线更新。

感谢樊登读书冯蕊、朱金璘，感谢你们，为视频课程顺利上线付出的努力。

感谢编辑亚丁老师，两次与您合作，非常愉快！

感谢我的合作伙伴王帅天，感谢你的智力支持与辛苦付出。

宋晓阳

2022 年 2 月 9 日于北京

图书在版编目（CIP）数据

如何有逻辑地表达 / 宋晓阳著 . -- 北京 : 民主与
建设出版社 , 2022.8
　　ISBN 978-7-5139-3929-4

　　Ⅰ . ①如… Ⅱ . ①宋… Ⅲ . ①语言逻辑学 Ⅳ .
① H0-05

中国版本图书馆 CIP 数据核字 (2022) 第 146887 号

如何有逻辑地表达

RUHE YOU LUOJI DE BIAODA

著　　者	宋晓阳	
责任编辑	郭丽芳　周　艺	
封面设计	仙　境	
出版发行	民主与建设出版社有限责任公司	
电　　话	（010）59417747　59419778	
社　　址	北京市海淀区西三环中路 10 号望海楼 E 座 7 层	
邮　　编	100142	
印　　刷	唐山富达印务有限公司	
版　　次	2022 年 8 月第 1 版	
印　　次	2022 年 9 月第 1 次印刷	
开　　本	880 毫米 ×1230 毫米　　1/32	
印　　张	7	
字　　数	150 千字	
书　　号	ISBN 978-7-5139-3929-4	
定　　价	52.00 元	

注：如有印、装质量问题，请与出版社联系。